MÉMOIRES

D'UN DÉPORTÉ

A LA GUYANE FRANÇAISE

Imprimerie de BEAU, à Saint-Germain-en-Laye.

MÉMOIRES
D'UN DÉPORTÉ

A LA GUYANE FRANÇAISE

PAR

   L. DE LAMOTHE

—⚬✤⚬—

PARIS

A. JOSSE, LIBRAIRE-ÉDITEUR

5, RUE CASSETTE, 5

Bureaux de la *Gazette des Campagnes*.

1859

POUR SERVIR DE PRÉFACE.

Monsieur,

Nous vous envoyons une copie du manuscrit que nous a légué notre père. Veuillez le communiquer à madame***, elle y verra combien son souvenir est resté cher aux personnes qui l'ont connue pendant son séjour en Provence, combien la mémoire de M. Harrys y est encore vénérée.

Nous croyons remplir le vœu de notre

père, en nous empressant de vous permettre de livrer cette histoire à la publicité.

Il est impossible que l'exemple d'une expiation supportée avec un tel courage et suivie d'une si belle mort, ne soit pas profitable à ceux qui la liront.

Veuillez, monsieur, agréer l'assurance du profond respect de vos dévoués serviteurs.

HENRY, *tailleur de pierres.*
JOSEPH, *cultivateur.*

Ronciéras, 18 février 185 .

PREMIÈRE PARTIE

LE CHEMIN DU BONHEUR.

Je suis né au village de Bédarigue, dans le département du Var. Mes parents étaient pauvres, quoique actifs et économes ; un cautionnement que mon père avait signé pour un des ses amis, que ruinèrent des spéculations malheureuses, l'avaient réduit à la misère ; pour vivre, il s'était vu obligé de se mettre au service d'ouvriers maçons comme gâcheur de mortier : c'est une rude besogne qui ne rapporte guère. Ma mère travaillait en journée et passait la moitié de ses nuits à tisser du taffetas. Cependant ils étaient heureux, parce qu'ils s'aimaient, et bénissaient la Providence au lieu de murmurer. Du reste, je n'ai conservé de mes parents qu'un bien vague souvenir. Un terrible événement est seul resté profondément gravé dans ma mémoire. C'était un soir, vers six heures ; ma mère préparait le souper comme d'habitude, lorsque la porte s'ouvrit tout à coup : quatre hommes rapportaient sur un brancard le corps sanglant de mon père. Pendant qu'il montait le mortier, une échelle s'était brisée sous ses pieds, et du second étage il était tombé sur des pierres de taille. Son sang coulait dans la chambre et teignait le mouchoir qu'on lui avait jeté sur la tête. Ma mère poussa un cri terrible et se précipita sur le corps ; les voisins accoururent ; la maison était remplie de cris, de pleurs, de sanglots. Ma mère nourrissait une petite fille de cinq semaines, la révolution qu'elle éprouva fit tourner son lait ; le lendemain, elle fut prise d'un délire qui ne la quitta plus pendant les trois jours qu'elle vécut encore. Je n'assistai pas à sa mort, que précéda de quelques heures celle de ma sœur. Une bonne voisine m'emporta chez elle ; je n'avais alors que quatre ans ; mais elle tomba elle-même malade bientôt après, et une fermière des environs, lui ayant proposé de se charger de moi, m'emmena avec elle à la campagne.

Ma nouvelle protectrice, celle que je puis appeler ma vraie mère, puisqu'elle me regarda toujours comme son fils, avait une honnête aisance. Pendant la route, que pour la première fois je faisais sur un âne, elle sut si bien m'apprivoiser, qu'en arrivant j'étais tout à fait rassuré. Trois enfants, dont l'aîné pouvait avoir six ans, jouaient dans la cour de la ferme ; ils me reçurent avec joie, et une demi-heure après je me roulais, m'a-t-on dit depuis, dans la poussière, comme si j'eusse été de la maison. Quel heureux âge que celui où du jour au lendemain on peut oublier le malheur! C'est là que se passèrent les dix-huit premières années de ma vie ; il y en a vingt et deux mois aujourd'hui que je suis sorti de cette ferme, et je la vois encore comme si j'y étais, avec son grand potager dont je connais chaque arbre, chaque pied de vigne, sa cour où j'aimais tant à jeter quelques poignées de maïs au grand coq jaune et aux poules noires et blanches qui s'y roulaient au soleil. Une treille appuyée sur un figuier tordu, qui la nuit leur servait de perchoir, ombrageait le banc de pierre sur lequel la fermière disposait par paquets les légumes que le lendemain elle devait porter à la ville. L'âne, sans s'inquiéter de nos mille tracasseries, surveillait d'un œil paisible les apprêts du marché, allongeant les lèvres et maraudant tantôt une carotte, tantôt une feuille de chou. Dans sa cage de bois blanc, suspendue à la fenêtre de la chambre où nous dormions, un merle sifflait et sautait avec une persévérance qui prouvait en faveur de la force de ses jambes et de son gosier.

Le jardin avait bien son charme, avec ses petites allées bordées d'oseille, dont les feuilles luisantes s'étalaient au soleil, sa haie de grenadiers à fleurs rouges, ses pommiers et ses pruniers en fleurs, ses carreaux dont chacun avait sa culture particulière, et que chaque soir, après le coucher du soleil, arrosait une eau courante tombant en cascade des auges d'un puits à roue dont trois heures par jour une mule, les yeux bandés, faisait tourner le manége. C'était là notre champ de travail, et il fallait voir avec quel sérieux comique et plein de l'importance de nos fonctions, nous aidions à récolter les pois verts, les haricots et les fraises. Nous portions les paniers vides, nous gourmandions la mule paresseuse, nous épluchions les salades. Il faut avoir vécu à la campagne pour comprendre combien on s'attache à une pareille vie : les plantes et les animaux y deviennent nos amis; on a une préférence pour tel ou tel arbre, on suit avec curiosité le développement des feuilles et des fleurs, on s'intéresse au moindre objet. Mon père travaillait rarement au jardin ; les garances et les oliviers réclamaient tous ses soins. S'il y avait quelque rude labeur dans le domaine qui nous était assigné, il louait à la journée un garçon de ferme, se réservant seulement d'examiner le soir comment la tâche aurait été remplie.

C'était un homme sérieux, presque sévère, et quoiqu'il fût très-bon, nous n'avions pas autant de laisser-aller avec lui qu'avec notre mère. On peut dire de lui que c'était l'homme du devoir : jamais je ne l'ai vu refuser un morceau de pain à un pauvre mendiant infirme ou sans forces; mais il était impitoyable pour les vagabonds et les paresseux. Chaque dimanche, quoiqu'il y eût près d'une forte demi-lieue jusqu'au village le plus voisin, il partait pour la messe à cinq heures du matin avec son fils aîné, et rentrait aussitôt pour garder la maison pendant que le reste de son monde s'absentait à son tour. A trois heures, il nous lisait l'Évangile ou quelque livre édifiant ; et ce jour-là, pour rien au monde, il n'eût laissé toucher à un outil. Si quelque voisin plaisantait sur cette rigidité de principes, il se contentait de répondre : « Je n'ai qu'un maître qui m'a toujours bien traité, je ne veux pas me brouiller avec lui en travaillant quand il me donne congé. » Dès le matin des jours de fête, nous mettions nos habits les plus neufs pour aller chez le Maître, comme il disait, et à chacun de nous il donnait un sou pour le premier pauvre que nous rencontrerions. Ma mère était la bonté même, occupée de ses devoirs, douce, simple et songeant sans cesse à nous depuis le moment où elle venait nous éveiller jusqu'à notre coucher. C'était elle qui nous apprenait nos prières du matin et du soir, nous instruisait de nos devoirs tout en travaillant, et nous enseignait les premiers éléments de notre catéchisme.

Dès l'âge de huit ans, nous étions envoyés à l'école du village trois fois la semaine. Notre mère garnissait notre petit panier, et à sept heures du matin nous partions avec elle, précédés de *Cocote* chargée de légumes, babillant le long du chemin entre deux haies de buissons noirs et d'aubépines. Le soir nous revenions seuls comme de grands garçons, rapportant nos livres dans nos paniers vides, et aussitôt nous courions au jardin raconter comme quoi nous avions bien travaillé. Et quelle gloire le samedi quand nous rentrions avec la croix du mérite à la boutonnière ! Cette fois nous recevions un baiser de plus sur nos grosses joues rouges, et le père nous racontait quelque jolie histoire après souper.

Quelquefois, quand le soleil était bien clair, que les alouettes chantaient, nous avions bien la tentation de faire, comme certains camarades, l'école buissonnière, mais l'idée du samedi nous retenait ; puis le maître d'école, qui n'était autre que le vieux curé, était si bon ; il nous faisait lire de si jolies choses ! Et d'ailleurs on ne travaillait pas toujours : après l'étude venait la récréation sous les grands arbres devant la porte de l'église ; nous jouions aux soldats. Le vieux prêtre, qui avait été sergent, commandait les manœuvres ; c'était chaque jour quelque jeu nouveau : processions, combats, parades, cache-cache, colin-maillard, billes et toupies. Aussi, tandis que les autres enfants ne vont qu'en pleurant à certaines écoles, et qu'ils en reviennent le soir les oreilles rouges et le cœur gros, sans avoir rien appris, nous allions à la nôtre par partie de plaisir ; nous en sortions dispos et joyeux, nous éparpillant avec des cris et des rires comme une volée d'hirondelles ; et lorsqu'arrivait la fin de l'année, nous étions nous-mêmes tout surpris de nos progrès. Pour ma part, à neuf ans, je lisais couramment, et André, âgé de deux ans de plus que moi, savait en outre écrire et compter. Il avait pris le travail au sérieux, lisant toute la journée les livres que lui prêtait notre professeur, ceux surtout qui parlaient de voyages et de combats. Le curé, très-bon juge en fait de vocation, conseilla à ma mère de le mettre au collége de Draguignan. Mon père eût mieux aimé le garder auprès de lui pour lui enseigner à conduire une ferme; mais, voyant sa répugnance, il donna son consentement. Nous pleurâmes beaucoup à son départ, et nous le conduisîmes jusqu'au village, où il prit congé de nous, et partit à cheval avec mon père, nous promettant bien de nous écrire et de ne pas nous oublier. Le premier soir, la maison nous parut bien triste; et quand le lendemain Louis, Georges et moi, reprîmes le chemin de l'école, nous avions les yeux rouges encore. Deux jours après, mon père revint : nous l'accablâmes de questions sur le long voyage d'André, il nous semblait qu'il fût au bout du monde. Le dimanche suivant, en revenant de l'église, nous rencontrâmes un homme à cheval portant en sautoir un large portefeuille de cuir. — « N'y a-t-il rien pour moi? lui cria notre mère. — Comment vous nommez-vous, ma petite dame? — Elisa Lambesq, pour vous servir. » Il arrêta sa mule, déboucla son portefeuille. — « Rien pour vous, ma petite dame, ce sera pour une autre fois. » Et il s'éloigna. Nos cœurs se serrèrent, nous avions tant compté sur cette lettre ! Nous rentrâmes tout tristes à la maison. — « Eh bien ! les nouvelles ? demanda le père. — Il paraît qu'il n'a pas écrit, » dit ma mère. Et elle alla avec un gros soupir déposer son livre de messe à la place accoutumée. — « Oh ! le vilain ! s'écria-t-elle en se retournant rouge de plaisir, oh ! le vilain ! qui m'a trompée. » Elle tenait à la main une lettre à mon adresse avec un beau cachet de cire verte. C'était la première que je recevais, et elle venait de mon cher André. Nous la lûmes à haute voix et avec force commentaires ; de la journée il ne fut plus question que de la lettre qui, remise précieusement sous son enveloppe, fut soigneusement placée dans le bahut. Chaque quinzaine, à pareil jour, André continua à nous écrire. Enfin le mois d'août arriva, et nous fûmes de nouveau réunis ; mais alors c'était déjà un savant, il avait remporté deux prix, et parlait d'entrer dans une école militaire. Plus modeste dans mes désirs, je n'avais alors d'autre ambition que de rester auprès de mes parents adoptifs.

J'avais déjà treize ans lorsque je fis ma première communion ; je savais alors lire, écrire et compter très-passablement, et j'aurais pu réciter à rebours mon catéchisme, depuis la dernière page jusqu'à la première. Combien mon âme était pure à cette époque! je croyais en Dieu fermement et je l'aimais du fond de mon cœur. Aussi, ce fut avec un grand recueillement que je me préparai à le recevoir. Au moment où, si loin de la France, j'écris ces lignes, je conserve encore l'image commémorative que le curé donna à chacun de nous en cette occasion. Cette grande et touchante cérémonie fut pour moi la transition de l'enfance à la jeunesse. Le lendemain du jour de Pâques, mon père, qui depuis quelques mois avait cessé de me traiter en enfant, me fit venir en présence de ma mère. — « Pierre, me dit-il, aujourd'hui tu es un homme et j'ai à te parler sérieusement : nous t'avons jusqu'à présent regardé comme un fils, et nous nous engageons à te traiter toujours comme tel ; mais il est juste que tu commences à travailler pour nous. Tu sais lire, écrire et compter, c'est toi qui seras chargé de tenir notre livre de dépenses, et tu t'occuperas du jardin avec ta mère ; dans un an ou deux, si tu fais bien, je te prendrai avec moi pour les oliviers et les garances. Je ne puis pas te faire riche ; mais si tu nous écoutes, tu deviendras un bon et honnête fermier, et peut-être un jour pourras-tu avoir une ferme à toi ; crains Dieu, honore tes parents, fuis les mauvaises compagnies, ne désire pas ce que tu ne peux pas posséder justement, et tu seras heureux. » Je promis en pleurant de me souvenir de ces conseils. — « Que Dieu te bénisse comme nous te bénissons, ajouta-t-il en posant la main sur ma tête ; que la Vierge te protège et te bénisse, » dit ma mère en me passant au cou une petite médaille.

A partir de ce jour, j'entrai sérieusement dans la vie, et les années qui suivirent s'écoulèrent rapidement dans le calme et dans le bonheur. André s'engagea dans un régiment ; nos parents n'avaient pas de quoi payer son école : il y renonça bravement. C'était un beau jeune homme, pas grand mais fort, leste et hardi. Il choisit pour armes le régiment des chasseurs de Vincennes, dont le dépôt se trouvait alors à Draguignan. Un an après il vint passer quinze jours avec nous ; il était déjà caporal et partait pour la guerre d'Afrique. Je ne l'ai revu depuis que dans une bien triste circonstance. Georges est marié. Louis dirige maintenant la ferme où s'est écoulée notre enfance. Comme me l'avait prédit mon père, je devins un excellent ouvrier, et ma réputation de bon travailleur me valut souvent des offres avantageuses, que je refusai tant que mes deux frères furent incapables de me remplacer. Mais ensuite, je ne voulus plus être à leur charge ; je n'avais aucun droit de partager le modeste héritage de ceux qui me regardaient comme leur frère. Dieu m'avait donné la force et la santé, le plus précieux capital d'un ouvrier. Bien résolu à partir, j'allai consulter le bon curé qui, alors âgé de quatre-vingts ans, était resté pour moi le guide le plus affectueux. Je lui fis part de ma résolution; il l'approuva, tout en m'exhortant à ne pas me hâter et à attendre une occasion favorable.

Elle ne tarda pas à se présenter. Un riche spéculateur venait d'acheter, le long de la rivière du Var, un vaste terrain marécageux qu'il voulait faire drainer pour y cultiver la garance et le mûrier. Cette exploitation n'était, disait-on, qu'à trois lieues de la maison et nécessitait un grand nombre d'ouvriers. On lui parla de moi avec éloge; il vint à la ferme sous prétexte de visiter nos plantations, me conduisit à l'écart et me dit le véritable motif qui l'avait conduit; il me dépeignit les avantages nombreux que j'aurais si je voulais m'attacher à son service, me proposant, outre une bonne rétribution, une part des profits éventuels. A la première vue, cet homme ne me déplut pas : il était petit et replet, sanglé dans son habit bleu, avait les cheveux rouges coupés en brosse, et de petits yeux verts brillants de malignité; malgré cela, l'expression de son visage ne manquait pas de douceur, et si sa voix était rude, ses paroles étaient pleines de bonté. En un mot, c'était tout le portrait du Bourru bienfaisant.

J'aurais désiré réfléchir, et je lui demandai deux jours. — C'est une offre d'or, me dit-il, j'ai déjà reçu plus de vingt demandes; c'est à prendre ou à laisser ; puis-je ou non compter sur vous ? — Il me prêcha si bien que j'acceptai. — « A demain, me dit-il, j'ai votre parole, je vous attendrai au village à quatre heures du soir. » Je rentrai le cœur gros ; ma mère était au jardin. — « Qu'as-tu donc, Pierre ? me dit-elle; es-tu malade ? — Non mère, je vous remercie. — Tu es pâle cependant, et je suis sûre que tu souffres.

— Non mère, je me porte bien. » Elle me regarda avec inquiétude et continua son ouvrage en silence. J'essayai de travailler pour me donner une contenance, mais je n'avais pas le cœur à m'occuper ; je jetai mon râteau et sortis me promener dans la campagne. Quand je rentrai, mon père, ma mère et mes deux frères m'attendaient pour souper ; ils ne m'interrogèrent pas, mais je vis bien à leurs regards que mon état leur causait de l'inquiétude. Après le repas, mon père me demanda de l'accompagner au jardin. Nous sortîmes et nous marchâmes un instant en silence. Au bout de quelques pas, il s'arrêta : — « Pierre, me dit-il, as-tu des secrets pour moi ? » Pour toute réponse, je lui avouai ce que je venais de faire et le motif qui m'avait poussé. Il me laissa aller jusqu'au bout sans m'interrompre. — C'est le premier chagrin que tu me causes, me dit-il enfin, j'espérais que tu te regardais comme de la famille. » Puis, après quelques moments, il ajouta : — « Un homme ne doit avoir qu'une parole : la tienne est engagée, que Dieu te conduise ; mais, souviens-toi que la maison te sera toujours ouverte, et ne nous oublie pas. Il est inutile d'en parler ce soir à Elisa, demain il sera bien assez tôt. » Ensuite il me demanda des détails sur la propriété, sur les occupations que j'aurais, et me donna quelques bons conseils. Le lendemain fut un jour bien triste ; ma mère ne fit que pleurer jusqu'au moment de mon départ; alors elle éclata en sanglots. J'avais aussi le cœur brisé ; il fallut que mes frères préparassent eux-mêmes mon paquet et que mon père m'avertît qu'il était temps de partir. Alors je les embrassai tous une dernière fois et m'éloignai rapidement. Au détour du chemin, je me retournai : ils étaient encore devant la porte et m'envoyèrent un dernier adieu.

M. Harrys m'attendait au village ; je vis en arrivant le cheval attaché près du cabriolet à un de ces arbres que je connaissais si bien. — « Voilà ce que j'aime, mon garçon, me cria mon nouveau maître de la porte de l'auberge. Eh ! quatre heures juste, continua-t-il en tirant une grosse montre d'or dont les breloques tombaient en cascade sur son ventre rebondi. Jacques, mets le cheval pendant que nous allons boire une bouteille de bienvenue. Hé! la Zounet, un cachet vert et deux gobelets! » J'étais fort peu en train de boire, et j'avais plus envie de pleurer que de rire ; cependant, comme je ne voulais pas faire dès le premier moment quelque chose de désagréable à une personne dont ma position et ma fortune dépendaient, je me forçai, et nous nous attablâmes. Il me parla encore de ses projets, m'apprit qu'il était Américain, mais qu'ayant marié une de ses filles en France, il avait voulu l'y suivre, et qu'il s'était fait propriétaire pour se créer des occupations.

Une heure après nous roulions rapidement sur le chemin des Aulnaies. C'était la première fois que je faisais cette route ; mais, à la vitesse avec laquelle nous allions et au temps que nous mîmes, je calculai que la ferme était au moins à six lieues du village. Enfin je vis à l'horizon une grande ligne de peupliers et d'ormeaux, à l'ombre desquels coulait le Var. Le sol s'inclinait sensiblement vers cet endroit ; bientôt nous fûmes en plein marécage : des herbes mêlées de joncs couvraient la plaine, où l'on apercevait çà et là de larges flaques d'eau et des bouquets d'aulnes avec leur grosse tête chevelue et leur tronc court et contourné. Du reste, pas la moindre culture. — « Voilà ma propriété, me dit M. Harrys d'un air triomphant ; je l'ai achetée à 15 fr. l'hectare. Bonne spéculation, eh ! magnifique spéculation ! » Et il se frappa sur le ventre pour témoigner sa joie. — « Où suis-je venu me fourrer, pensai-je en moi-même ; oh ! ma ferme, ma jolie ferme, si jolie, si bien tenue ! je l'ai quittée pour venir habiter un trou à grenouilles, sans compter que la fièvre et le mauvais air doivent être ici de rudes ouvriers. » L'Américain comprit sans doute à ma physionomie ce qui se passait en moi. — « Hé ! hé ! si vous étiez Kentadien, vous ne vous effraieriez pas pour si peu, mon cher ; vous autres Français, vous attendez que les cailles vous tombent toutes rôties du ciel; mais nous, c'est différent : prenez patience et vous allez voir si j'ai fait une mauvaise affaire. » Nous continuâmes à rouler encore un quart d'heure, et nous atteignîmes un monticule assez rapproché de la rivière. — « Nous voici arrivés, » me dit M. Harrys. Et en effet, au détour de l'éminence, je me trouvai en présence d'un grand bâtiment, moitié briques et moitié bois, assis à mi-côte. C'était par ce côté qu'il avait commencé ses opérations. Cinquante ou soixante ouvriers revenaient de leur ouvrage, les uns la bêche à l'épaule, les autres conduisant des chevaux ou des bœufs. Le sol, profondément défoncé, me parut, quoique humide encore, d'une nature toute différente de ce que j'avais vu jusque là. Les joncs jaunissaient et l'eau courait dans les rigoles au lieu de former des flaques vaseuses. — « Eh bien ! que pensez-vous de cette partie ? — Oh ! pour celle-là, répondis-je, on pourra en faire une excellente terre ; elle ne ressemble pas aux marais que nous venons de traverser. — Hé! hé! mon cher, si vous l'aviez vue il y a quatre mois, c'était le plus mauvais endroit; vous voyez ce grand canal qui porte l'eau au Var, c'est moi qui l'ai fait creuser, toute cette terre est drainée, l'hectare me revient à 40 fr., tous frais compris, et c'est à ne plus s'y reconnaître. Avant un an toute la plaine sera une terre à blé, et les agriculteurs se disputeront le peu de marécages qui resteront alors, et dont aujourd'hui ils ne voudraient pas pour rien. » Pendant qu'il me parlait, nous arrivâmes au bâtiment, et nous entrâmes dans une grande cour carrée entourée de quatre grandes galeries spacieuses et parfaitement aérées, destinées au matériel et aux ouvriers. Ceux-ci étaient enrégimentés par brigades de vingt-cinq hommes sous les ordres d'un maître, qui chaque samedi présentait son rapport à M. Harrys et recevait ses ordres pour le travail de la semaine suivante. Moulins, machines, outils perfectionnés, hangars, rien ne manquait : chaque instrument portait son numéro, avait sa place marquée; tout était simple, mais d'une admirable propreté, et je ne pus, dès le premier soir, m'empêcher de remarquer combien mon maître l'emportait sur les petits propriétaires nos voisins. Pendant que j'étais à regarder tant de choses nouvelles pour moi, le son d'une cloche se fit entendre, et tous les ouvriers se réunirent dans la grande galerie, attendant l'heure du souper. — « Eh bien! me dit M. Harrys qui venait d'entrer dans la cour, tout cela vous semble une merveille? Allons, continua-t-il en souriant, vous êtes un garçon intelligent; dans deux jours vous aurez vos vingt-cinq hommes, et nous attaquerons le marais d'un autre côté; jusque là profitez de votre temps pour voir comment fonctionne mon établissement. Jacques vous mettra au courant. — Qu'est-ce que Jacques? demandai-je. — Un bon surveillant, un bon ouvrier, seulement un peu mauvaise tête, qui a la manie de parler république, et qui n'y comprend rien, c'est naturel. Je n'ai jamais rencontré en France un républicain de bon sens, tous sont ou dupes ou dupeurs. A propos, avez-vous une opinion? — Ma foi, monsieur, je n'en sais rien, et jusqu'à présent je ne me suis jamais occupé des affaires du gouvernement. — Continuez, continuez, mon cher, chacun son métier dans ce monde : un ouvrier doit ne penser qu'à son champ ou à son industrie. Eh! Jacques! par ici! cria-t-il à un grand garçon d'une vingtaine d'années qui traversait la cour. Jacques approcha. M. Harrys nous présenta l'un à l'autre. — « Voici un nouveau contremaître, dit-il à Jacques, je lui donne deux jours pour se mettre au courant, et je compte sur vous pour l'instruire; indiquez-lui sa chambre, son numéro, et faites-lui connaître les habitudes de la maison. Adieu, Pierre, du courage, de la bonne volonté, et tout ira bien. »

Deux jours après, je savais ce que j'avais à faire; je fus officiellement présenté à mes hommes, et nous attaquâmes courageusement le champ qu'on nous avait donné à assainir. Les premiers travaux de défrichement sont toujours un peu rudes, et quoique je misse la main à l'œuvre comme les autres, et que je ne demandasse à chacun que ce qu'il pouvait faire, je trouvai dans mon escouade quelques récalcitrants qui prétendaient que je les surchargeais. Le chef des mécontents était un homme d'une trentaine d'années, vigoureux, mais paresseux, qui, fier de ses forces, affectait de rire de tout ce que je disais et me traitait en petit garçon. — « Nous ne sommes pas des esclaves pour obéir à ce pauvre diable, qui voudrait nous écraser pour faire la cour à son maître, répétait-il sans cesse. » Pendant près de deux semaines, j'essayai de lutter contre la mauvaise volonté ; mais le travail ne se faisait plus avec régularité, et les ouvriers murmuraient. Le jour du rapport arriva, je demandai conseil à Jacques ; il était très-républicain en paroles, mais très-peu en pratique. Je voulais adoucir les termes de mon rapport. — « Non, non, point de faiblesse, me dit-il ; si tu ne veux pas perdre ta place, il faut faire un exemple. » Je ne savais pas trop comment cela tournerait : les rapports furent remis, les ouvriers payes, et jusqu'au lendemain il ne fut question de rien. A l'heure du déjeuner, M. Harrys descendit comme de coutume pour faire l'inspection de chaque brigade, louant les uns, blâmant les autres, encourageant ceux qui s'étaient bien conduits; quand il arriva à la mienne, son visage devint sévère : — « Je suis mécontent de toute cette division : le travail est peu avancé, et ce qui est fait est mal fait. Quelques individus s'imaginent être ici en république, ils se trompent. Aux Aulnaies il n'y a qu'un maître, et ce maître, c'est moi, qui paie pour qu'on travaille ma terre comme je l'entends. Aujourd'hui je me contente de renvoyer Simon, Jean, Urbain, Pascal et son frère; ceux qui ne sont pas contents chez moi n'ont qu'à les suivre; j'ai besoin de terrassiers et pas d'orateurs pour creuser mes fossés. » Et il sortit aussi calme qu'il était entré. Cette leçon produisit son effet, et depuis je n'eus plus à me plaindre de ma division.

La première année de mon séjour à la ferme comme chef de défricheurs se passa sans apporter pour moi de grands changements. J'ai déjà dit que la maison où j'ai passé mon enfance était éloignée d'au moins six lieues de ma nouvelle demeure. Aussi je dus me résigner à y faire de rares visites; je n'avais de libres que les dimanches, et un voyage de douze lieues à pied n'est pas une petite affaire. Deux ou trois fois seulement M. Harrys eut affaire au village, et fut assez bon pour me prendre avec lui. Avec quel bonheur nous nous revoyions ces jours-là! que de choses nous avions à nous conter, que de nouvelles à nous apprendre, avec quel plaisir ma bonne mère me serrait dans ses bras! Nous allions visiter la ferme et le jardin, je reconnaissais les arbres que j'avais entés, les vignes que j'avais taillées: le chien sautait après moi, et le vieil âne venait réclamer un souvenir de ma main. Ces jours-là passaient bien vite;

le soir venu, Georges et Louis me ramenaient au village, en parlant du temps passé et du brave André, qui écrivait bien rarement à present, mais dont le nom avait été déjà cité plus d'une fois sur la feuille publique.

Les autres dimanches j'allais à Ronciéras, dont le clocher se voyait de notre exploitation ; j'y passais la journée avec Jacques, dont j'étais devenu l'intime ami, dans une petite ferme que l'on nommait Champfleury ; elle appartenait à son père, qui s'y occupait de l'éducation des vers à soie et du commerce des fleurs, qu'il vendait aux parfumeurs de Grasse, et dont à cause de leur qualité il tirait un bon revenu. Sa famille était nombreuse ; outre trois fils, dont l'un était soldat et les deux autres conducteurs de travaux chez des maîtres étrangers, il avait près de lui deux filles qui l'aidaient dans ses travaux.

Rosalie, l'aînée, était déjà fiancée lorsque Jacques me présenta la première fois à ses parents. Henriette, sa sœur, n'avait pas plus de dix-sept ans, de magnifiques cheveux noirs, des dents brillantes comme des perles, une peau veloutée comme celle de la pêche et une taille provençale. Une autre eût tiré vanité de tant de grâces ; mais elle, aussi naïve qu'elle était jolie, ne s'en inquiétait même pas. Rieuse comme on l'est à cet âge, elle joignait à l'enjouement d'un enfant toutes les qualités sérieuses qui font la femme essentielle, la bonne ménagère, la prévoyante mère de famille. Je m'aperçus bientôt que son père et son frère avaient pour elle une grande prédilection dont, il faut le dire à la louange de Rosalie, celle-ci n'était point jalouse. Je ne tardai pas à en devenir sérieusement amoureux, et je crus remarquer que je ne lui déplaisais pas non plus. Cependant je n'osai parler de rien à son père, nous étions si jeunes tous les deux, et je n'avais aucune fortune. Plusieurs mois se passèrent ainsi ; enfin une heureuse circonstance vint à mon aide. J'étais depuis près de deux ans à l'exploitation, nos travaux de défrichement étaient à peu près terminés, et déjà une grande partie des ouvriers avaient été congédiés. Un soir, après souper, M. Harrys fit appeler les chefs de sections dans son cabinet. Nous nous y rendîmes tous les quatre. — «Ecoutez, mes enfants, nous dit-il, voilà le travail qui touche à sa fin, avant un an nous pourrons ensemencer tout le sol, mais auparavant je veux diviser la propriété en huit ou dix fermes, et, sur chaque lot, faire construire un mazet avec sa grange. Pour moi, je ne compte exploiter qu'une petite ferme qui sera plutôt une habitation d'agrément, avec parc, qu'une terre de rapport; mais, pour mes dix fermes, il me faut dix hommes mariés, jeunes et de bonne volonté. Je suis content de plusieurs de mes anciens ouvriers, et naturellement je donne la préférence à ceux que je connais sur ceux que je ne connais pas. Plusieurs sont mariés, d'ici à un an plusieurs autres le seront. Réfléchissez, je vous donne six mois pour cela; après ce temps, si vous ne voulez plus de moi pour maître, je chercherai ailleurs ; je crois que ceux qui accepteront n'auront pas à s'en repentir. » Deux de nos camarades étaient déjà établis, ils acceptèrent sur l'heure.

— « C'est dommage tout de même de ne pouvoir pas accepter, dis-je à Jacques en sortant. — Pourquoi ne le fais-tu pas ? — Il faut être marié. — Pourquoi ne te maries-tu pas ? — Mais pour se marier il faut connaître une femme. — Ah ! c'est juste » me répondit-il en me regardant dans le blanc des yeux ; puis, après un moment de silence, il me frappa sur l'épaule : — « Tu me crois donc bien aveugle ? — Mais elle ne m'acceptera pas. — Qui, elle ? fit-il à son tour d'un air surpris. — Oh ! ma foi, finissons ce jeu, j'aime ta sœur, tu le sais aussi bien que moi, quoique jamais je n'aie osé t'en parler ; crois-tu que je puisse la demander ? — Je n'y vois rien d'impossible. — Et qu'elle m'acceptera ? — Elle pourrait faire plus mal. » La conversation en resta là, et je me résolus à tenter fortune. Pendant toute la semaine j'attendis avec impatience le dimanche. Le dimanche arriva, je passai la journée à Champfleury, et j'en repartis sans avoir osé dire un mot : trois ou quatre dimanches de suite le courage me manqua, j'étais furieux contre moi-même. Enfin je pris, comme l'on dit, mon courage à deux mains, et, trouvant le père seul, je lui fis la demande. Il ne m'en parut nullement surpris et me répondit : — « Quant à moi je n'y vois pas d'inconvénients, mais comme ce n'est pas moi qui me marie, parlez à ma fille : si elle dit oui, ce sera oui ; si elle dit non, ce sera non. » Une heure après, Henriette revint de la messe avec sa sœur, elle se mit à me plaisanter suivant son habitude. J'étais embarrassé, je ne répondais que des bêtises : — « Qu'avez-vous donc aujourd'hui ? me dit-elle en riant aux éclats, on dirait que vous parlez à la lune. » Sa sœur était près d'elle et me plaisantait aussi ; je ne savais plus que devenir. — « Rosalie, viens avec moi au jardin, » dit le père à sa fille aînée. Ils sortirent et nous restâmes seuls, elle, coupant des tranches de pain pour la soupe, moi, tortillant mon chapeau entre mes doigts. Je lui fis pitié : — « Voyons, franchement, monsieur Pierre, vous avez quelque chose ? — Voulez-vous que je vous le dise ? — Péchaire ! puisque je vous le demande. — Vous ne rirez pas de moi ? — Non, je vous le promets. — Eh bien ! alors c'était, j'étais venu, enfin, voyez-vous, dans l'intention, pour que, vous ne m'en voudrez pas, mademoiselle Henriette. — Non, non, je vous assure. — Je suis venu vous demander en mariage. » Ce fut à son tour d'être interdite, elle devint rouge comme braise et ne répondit rien. — « Vous ne m'en voulez pas ? — Non, monsieur Pierre, non ; » elle se sauva dans le jardin, oubliant sur le feu son lait qui débordait et sa soupe à demi trempée. Moi je ne savais que penser. Quand elle rentra un quart d'heure après avec son père, je vis qu'elle avait pleuré. — « Pierre, me dit le père, donne la main à ta promise et que Dieu vous bénisse comme je vous bénis. — Et à quand la noce? s'écria Jacques, qui avait tout entendu de la chambre voisine. — Quand la maison sera prête, répondit mon beau-père. — Et toi, ne seras-tu pas notre voisin de campagne? demandai-je à mon camarade. — Dieu sait, j'ai parlé à sept qui m'ont refusé, j'irai jusqu'à la douzaine ; mais si le vent ne change pas je risque fort de mourir garçon. — Menteur, repartit Henriette, tu sais bien que Sophie ne te... — Bien trouvé, elle m'a refusé trois fois! — Et Jeannette? — Avec cela qu'elle est jolie. — Et Pauline? — Je ne suis pas assez fort pour lui donner le bras, d'ailleurs j'en suis déjà à la huitième, mais à présent que je sais comment on demande une demoiselle, » et il se mit à me contrefaire devant une chaise. J'étais bien trop heureux pour m'en fâcher. La journée passa comme un rêve. Hélas! tout mon bonheur d'autrefois n'est plus en effet qu'un rêve à demi effacé. Au dîner, toute la famille but à notre mariage. Le même soir, Henriette et moi sortîmes seuls nous promener suivant la coutume du pays. Il n'en fallut pas davantage pour que les commères de l'endroit eussent publié en moins d'une heure nos bans dans tout le village. Nous causâmes de nos projets d'avenir, de notre établissement ; elle était aussi à son aise que si nous eussions été fiancés depuis un an, et semblait heureuse : moi je l'étais bien aussi. Pendant que nous causions, Jacques vint nous interrompre pour me dire qu'il était temps de partir. J'eus beau demander une heure, un quart d'heure seulement, il fut inexorable ; j'embrassai pour la première fois ma promise, et nous nous mîmes en route. Il me semblait que j'avais des ailes aux pieds, la joie rend plus léger ; je riais sans motif, je parlais d'elle, je racontais à Jacques, qui le savait aussi bien que moi, tout ce qui s'était passé le matin. Il me laissait dire et souriait de mes extravagances. Il était près de minuit quand nous arrivâmes à la maison; je ne pus fermer l'œil, il me semblait que le soleil était en retard de dix heures tant j'étais pressé d'aller dire à M. Harrys qu'il pouvait compter sur moi. Enfin le jour vint, mais le maître n'était pas levé : il fallut partir pour l'ouvrage sans le voir, et jusqu'à deux heures de l'après-midi il n'y avait plus à y penser. A l'heure du repas il vint comme de coutume, et j'allai lui conter mon bonheur, sa seconde fille était avec lui ; ils me félicitèrent tous les deux, et M. Harrys, toujours aussi bon, me dit : — « Mercredi, je vais au village. Il est convenable que tes parents apprennent par toi ton mariage, je te donne congé pour deux jours ; pars dans une heure, tu seras ce soir chez toi, et mercredi je te prendrai en revenant. — Et quel jour allez-vous voir votre fiancée? me demanda mademoiselle Jessy. — Dimanche, mademoiselle, pour vous servir. — Dimanche je vais à la messe, me répondit la jeune maîtresse, j'espère que vous serez assez aimable pour me présenter à Henriette. — Je vous la présenterai elle-même comme à la meilleure demoiselle qu'elle puisse servir. — Oh! vraiment vous

evenez très-galant, monsieur Pierre, mais
lez, puisque mon père vous permet, il est
eux heures et demie et vous avez six
eues à faire. » Je profitai de la permission,
t au coup de l'angelus j'ouvrais la porte
e la cour au grand mécontentement du
ieux Patau qui s'élançait en grondant.
Ia vue dissipa sa colère et la changea en
ie, qu'il fit éclater par des jappements ai-
us et des sauts frénétiques. Le tapage
u'il fit éveilla toutes les poules endor-
ies sur le vieux figuier, l'âne se mêla de
 partie, et ce fut un si beau vacarme que
nes frères armés de bâtons s'élancèrent
lans la cour.—« Eh ! c'est le petit ! » s'écria
oyeusement mon père. Alors ce fut au
our de ma mère d'accourir, renversant
oute la salade qu'elle épluchait sur ses
genoux. Elle m'embrassa avec effusion. —
« Qu'y a-t-il donc que tu arrives si tard ?
rien de mal, j'espère ? — Non non, au contraire, une bonne nouvelle que je vous apporte. — Finis donc, Patau ; rentrons,

rentrons, avec ce tapage et le *mistral* on ne peut pas s'entendre.

Quand nous fûmes entrés, et que mon père eut jeté dans l'âtre une bourrée de sarments, dont le feu clair et pétillant égaya toute la chambre et fit pâlir la lumière de la petite lampe à pompe en ferblanc, ma mère couvrit la table, décrocha de la muraille la longue poêle dans laquelle bientôt chanta joyeusement l'huile verte et l'omelette à l'ail, repas obligé du voyageur.
— « Tu es venu en voiture ? me demanda-t-elle tout en battant les œufs. — Non, à pied.
— Bon Dieu, à pied, tu dois être bien fatigué ! — Six lieues, ce n'est pas la mort d'un chrétien, dit mon père, et à son âge... — A son âge, tu étais bien fatigué, je pense ; assieds-toi, petit ; tiens voilà un reste de tian (gâteau de citrouille), et de la fougasse fraîche ; mange et bois, l'omelette va être prête : dis-moi donc pourquoi tu es venu à cette heure ? Georges, donne-moi du poivre. La veux-tu bien cuite ? je vais

te faire réchauffer de la daube aux carottes. Louis, verse-lui à boire; pauvre chéri! je vais te faire un bon lit. — Merci, mère, je ne suis pas fatigué. — Six lieues à pied, par cette chaleur; mais, dis-nous donc la grande nouvelle? — Sainte Vierge! laisse-le donc en repos, s'écria mon père; tu veux qu'il parle, qu'il mange, et qu'il boive tout à la fois : c'est plus que ne peut faire un chrétien. »

Quand l'omelette fut finie et ma mère calmée, je pus enfin raconter le sujet de ma visite; il fallut entrer dans tous les détails : « comment est-elle? quel âge a-t-elle? lui donne-t-on de l'argent, ou des meubles? son caractère est-il bon? est-elle bien élevée? comment est sa famille? comment l'as-tu demandée? » Pendant plus de deux heures, ce ne furent qu'interrogations, explications, demandes et réponses de toute espèce. Mon père approuva mon choix; ma mère, sans me blâmer, aurait voulu connaître Henriette avant de se prononcer; mes frères me félicitèrent sincèrement. Le lendemain ce fut avec une grande joie que je me remis à aider au travail du jardin, pensant à ma vie d'autrefois et à celle de l'avenir. Je dis à ma mère tant de bien de ma promise, qu'elle finit par se réjouir aussi de mon mariage ; mais je vis bien qu'elle lui en voulait de venir partager l'affection de son fils. Cependant elle voulut être la première à faire son cadeau, et me donna pour elle une belle croix en or, avec des diamants, comme en portent aux jours de fête les riches paysannes provençales. Je repartis le mercredi, comme j'en étais convenu avec M. Harrys, que je trouvai de fort belle humeur, par suite de l'acquisition d'un beau taureau suisse et de cinq vaches bretonnes qu'il destinait à sa réserve, et dont il voulait faire cadeau à sa fille pour le jour de sa fête : — « C'est une surprise que je veux lui ménager, me dit-il, et je te demande le secret. » Je le lui promis de grand cœur, pour moi et pour mes camarades, car nous aimions tous cette excellente personne, et pour rien au monde nous n'aurions voulu diminuer son plaisir. Il faisait nuit close quand nous arrivâmes aux Aulnaies; mais mademoiselle Jessy avait aperçu de ses fenêtres la lumière de nos lanternes, et nous attendait à la porte de la cour; elle sauta au cou de son père, et me cria de sa douce voix en rentrant avec lui : — « A dimanche, monsieur Pierre, n'oubliez pas ce que vous m'avez promis. »

Quoique les jours semblent bien longs aux amoureux, cependant ils s'écoulent pour eux comme pour les autres, et le dimanche tant attendu arriva. Dès la pointe du jour, j'éveillai Jacques. — « Oh ! les amoureux, les amoureux, murmura-t-il en se frottant les yeux et s'étirant les bras, laisse-moi donc dormir, on n'y voit pas clair, d'ailleurs les ouvriers ne sont pas payés. » A cela il n'y avait rien à répondre, et je dus me résigner. Enfin sept heures sonnèrent, j'achevai ma besogne au plus vite, et à huit heures nous arrivions à la petite église. Henriette n'y était pas. Ennuyée de faire jaser sur son compte, elle avait entendu la première messe. Au banc d'œuvre, assise auprès de son père, je vis mademoiselle Jessy en robe blanche et en chapeau de paille. Quand l'office fut terminé, je sortis pour l'attendre sur les marches de la grande porte ; elle nous salua de la main, et me fit signe d'approcher. — « Votre fiancée est-elle ici? — Non, mademoiselle, je ne l'ai pas vue. — Elle sera venue de meilleure heure, conduisez-nous chez elle. — Mademoiselle, se hâta de répondre Jacques, ma famille ne s'attend pas à l'honneur de votre visite, permettez-moi de la prévenir. — Du tout, du tout, s'écria M. Harrys, nous vous suivons, nous ne voulons pas de réception. »

Et en effet, ils se mirent à marcher avec nous.

— « Voici le mazet, dit Jacques au bout de quelques instants. — Oh! Papa, mais c'est charmant, c'est un vrai chalet, et quelles jolies fleurs ! comme ce jardin est bien tenu ! qu'est-ce que ce grand hangar vitré? — C'est la magnanerie, mademoiselle. — Henriette sait donc soigner les vers à soie? tant mieux, papa m'a promis de m'en faire construire une, elle m'aidera à la diriger. Quels superbes raisins! c'est délicieux, cette maison. — Père, cria Jacques en ouvrant la porte de la ferme, voici notre maître et sa demoiselle qui veulent bien venir voir notre mazet. — Tu aurais dû au moins m'avertir, répondit celui-ci en s'avançant avec empressement. — C'est moi qui l'en ai empêché, dit M. Harrys en lui tendant la main; je viens, comme voisin de campagne, admirer votre propriété, et vous féliciter du mariage de votre fille avec un de mes meilleurs ouvriers. » Pendant ces compliments, Jacques avait aperçu par la fenêtre ses deux sœurs, qui pour le déjeuner cueillaient des raisins à la treille. — Allons donc, nous vous attendons, leur cria-t-il. — Nous y allons, nous y allons. » Et elles arrivèrent en courant, apportant des fleurs et des fruits. — « Permettez-moi de vous présenter mes filles, dit mon beau-père au moment où elles entraient. Avancez donc, continua-t-il, les voyant arrêtées tout interdites sur le seuil de la porte. Henriette, voici M. Harrys, dont tu as entendu parler avec tant d'éloges, et sa demoiselle, qui ont bien voulu nous honorer de leurs félicitations. » Les jeunes filles saluèrent en rougissant. Il faut dire qu'elles étaient charmantes avec leur costume du dimanche : manches courtes, corsage de velours noir, robe rose et le large ruban arlaisien roulé autour de la tête. Mademoiselle Jessy, avec la grâce qui l'accompagnait dans ses moindres actions, ôta vivement son gant pour donner la main aux deux sœurs, qu'elle eut bientôt apprivoisées avec ses manières simples et affables. Au bout d'un instant, M. Harrys, qui voyait le déjeuner sur la table, voulut se retirer ; mon beau-père insista pour qu'il prît un verre de vin avec nous, et, après quelques façons, notre maître, craignant de le mécontenter, consentit à partager notre repas. Je ne sais comment faisait cet homme, avec sa grande fortune et son éducation ; il nous eut tous mis à l'aise en rien de temps : il nous entretint de voyages, d'aventures, parla agriculture, trouva notre bouillabesse excellente, complimenta Henriette sur ses fougasses, Rosalie sur ses conserves d'oranges, demanda à mon beau-père des conseils sur le jardinage, tandis que mademoiselle Jessy priait les deux sœurs de lui apprendre leurs recettes du ménage. Après déjeuner, ils firent au jardin une longue promenade, examinant avec intérêt chaque fleur et chaque brin d'herbe. Lorsqu'ils partirent, Henriette offrit à la demoiselle un beau bouquet de roses qu'elle accepta en disant : — « J'espère que vous me porterez vous-même votre bouquet de fiancée. » De son côté, M. Harrys invita mon beau-père à venir voir une garancière qu'il faisait semer. — « Venez avec vos filles, Jessy sera fière de leur montrer qu'elle aussi sait faire la cuisine, quoique beaucoup moins bien. » Nous les reconduisîmes jusqu'au bout du jardin, M. Harrys

ne nous permit pas d'aller plus loin. —
« Voici ce qui s'appelle un brave homme !
s'écria mon beau-père, et sa fille, quelle
bonne personne! jolie comme un ange,
avec des yeux si noirs, des cheveux blonds
comme un rayon de soleil, et pas plus fière
pour cela : oh! ma foi, je ne te plains pas
d'aller vivre sur cette terre. » Ses filles et
Jacques renchérirent encore sur ses éloges. Cette visite fut le grand événement
de la journée. Le lendemain soir, en revenant du travail pour le souper, je rencontrai mademoiselle Jessy, montée sur son
petit cheval noir; elle s'arrêta pour me féliciter, et me dit combien elle trouvait Henriette gracieuse et de son goût. Après le
repas, M. Harrys vint pour donner quelques
ordres, il m'aperçut, et me frappant sur
l'épaule : — « Eh! mon garçon, me dit-il,
tu as la main heureuse, tu as trouvé une
vraie perle de femme, jolie, intelligente, et
qui a l'air active et entendue; ce sera une
bonne petite fermière, et c'est moi qui me
charge de vous installer d'une manière

convenable. » Tout cela me faisait plaisir : on est si heureux d'entendre louer par les autres ceux que l'on aime, et je ne manquai pas de rapporter toutes ces conversations au mazet le dimanche suivant.

Vers les derniers jours du mois, mon beau-père arriva aux Aulnaies, ainsi qu'il l'avait promis, avec ses deux filles; chacun apportait son cadeau : le père, des semences et du plan d'asperges; Rosalie, une corbeille de raisins; Henriette, un pot de miel blanc et un superbe bouquet. Ils furent reçus avec une grâce charmante. M. Harrys promena mon beau-père dans toute la propriété, mademoiselle Jessy fit aux deux sœurs les honneurs de la maison, et le soir nous dînâmes tous ensemble; au dessert, mademoiselle Harrys sortit un instant, et rentra rapportant un bouquet de son jardin pour chacune des deux sœurs. Celui d'Henriette avait pour ruban une de ces chaînes d'or à cinq ou six tours, auxquelles se suspend la croix des femmes mariées ; celui de Rosalie était noué par une lourde chaîne d'argent à laquelle les ménagères suspendent leurs ciseaux et leur trousseau de clefs. Ce fut une véritable joie d'enfants ; mon beau-père transporté serra la main du propriétaire à la lui briser, puis emplissant son verre : — « Je bois, dit-il, à la santé de l'homme le meilleur que j'aie rencontré de ma vie, et de la demoiselle la plus accomplie que j'aie vue. » Et au bruit de nos acclamations, il but le vin jusqu'à la dernière goutte. Le dimanche suivant, je trouvai Rosalie et sa sœur parées de leur cadeau, mais la chaîne d'Henriette manquait de croix ; je lui en fis la remarque. — « J'ai bien une croix, me répondit-elle, mais je n'ai pas voulu étrenner mon tour de cou pour une autre que pour la tienne. — Et tu as bien fait, car je te l'apporte, » et je lui offris, au nom de ma mère, la croix ornée de diamants. Elle fut trouvée magnifique. Rosalie, très-fière de la sienne, en eut un petit mouvement de dépit ; mais son amitié pour sa sœur l'emporta bien vite sur ce petit mouvement d'amour-propre, et elle voulut elle-même l'attacher à son cou. Pauvre Henriette ! elle ne se doutait pas alors combien cette croix lui serait lourde à porter. Quelques mois plus tard, le mariage de Rosalie fut célébré, et aussitôt après elle partit pour Toulouse, où son mari s'était établi.

Nous touchions à la fin de la troisième année. Le marais n'était plus reconnaissable, au lieu d'un sol mouvant et humide, on ne voyait plus qu'une terre noire et profonde, déjà couverte en grande partie d'un blé vert et vigoureux. Les mûriers, plantés depuis un an à peine, déployaient leurs larges feuilles dentelées, dont la couleur gaie contrastait avec celle des oliviers; sur les bords des canaux, de longues rangées de peupliers promettaient pour un temps rapproché de sombres et fraîches allées. Déjà, çà et là, s'élevaient de jolies petites fermes avec leurs étables, attendant les bœufs et les chevaux, ces indispensables auxiliaires de l'agriculteur. Plusieurs de ces mazets étaient déjà occupés par d'anciens ouvriers avec leur famille; déjà ils avaient dessiné leur petit jardin enclos de grenadiers et d'amandiers, et planté devant la porte l'arbre préféré, sous lequel la famille venait le soir se reposer des travaux du jour. La ferme principale avait aussi changé d'aspect; des premiers bâtiments en bois devenus inutiles, il ne restait plus que des débris ou un pavillon provisoire, où demeurait M. Harrys avec mademoiselle Jessy, arrivée depuis un an et demi des États-Unis, et qu'il désirait marier près de lui : deux valets de ferme, un jardinier, une cuisinière et la femme de chambre de mademoiselle Jessy formaient toute sa maison, car presque tous les ouvriers, sauf une dizaine occupant une petite maison assez éloignée, avaient été congédiés à mesure que les travaux tiraient à leur fin. La petite colline avait bien changé; un vert tapis de gazon émaillé de bouquets d'arbres différents de port et de feuillage en couvrait les flancs, que l'on gravissait par un chemin à pente douce, bordé d'une haie de rosiers et de jasmins. Un gros rocher de grès rouge, ombragé par un massif de pins du Kentucky, et posé à moitié pente, comme s'il eût glissé jusque là, avait été conservé par ordre de mademoiselle Jessy. Avec ce goût de la nature que les femmes possèdent à un degré bien plus élevé que nous, elle en avait fait un des plus jolis ornements de ce charmant site ; de son sommet creusé naturellement en forme de coupe, l'eau d'une source abondante retombait en cascade à travers un fouillis de lierre et de clématites sauvages, pour courir dans un lit de cailloux brillants, le long des rosiers jusqu'au lac encadré de mousse et de saules dans lequel plongeait le pied de la colline, et qu'habitaient deux grands cygnes blancs apportés par mademoiselle Jessy des bords du Saint-Laurent. La nouvelle habitation, déjà terminée extérieurement, n'avait rien de recherché dans sa construction ; c'était une petite maison italienne, très-simple, mais très-commode et d'où l'œil embrassait le plus bel horizon, borné d'un côté par la chaîne des Alpes, de l'autre par la mer, qu'on devinait plus qu'on ne la voyait.

Le 28 juin 18..., les charpentiers plantèrent leur dernier bouquet sur la dernière ferme, et M. Harrys invita pour la semaine suivante tous ses ouvriers et tous ses voisins à une grande fête d'inauguration. Ma famille ne fut pas oubliée ; c'était la première fois qu'ils voyaient la propriété, ils en furent émerveillés ; ma mère ne s'occupa que de moi et de mon Henriette que je lui présentai, et son bonheur augmenta le mien. La bénédiction solennelle de la terre, donnée par le curé de Ronciéras, du haut de la terrasse italienne où flottait un pavillon blanc portant au centre un aulne vert dans une couronne de joncs et d'épis, ouvrit la journée, et au même moment l'horloge, placée depuis trois jours, sonna pour la première fois. « Je veux, avait dit M. Harrys, que la première heure qui sonnera aux Aulnaies reste comme un bon souvenir dans le cœur de tous ceux qui m'ont aidé. »

Après la cérémonie religieuse et un petit discours dans lequel M. Harrys nous remercia vivement, nous descendîmes vers l'Ile du grand étang où mademoiselle Jessy et son père nous firent les honneurs d'une fête champêtre qui dura tout le jour. Rien n'avait été oublié : régates, courses en sac, sauts, luttes, farandoles qui se déroulaient au son du galoubet et du tambourin, repas sur l'herbe et, enfin, feu d'artifice tiré à bord d'un bateau. La journée fut complète, mais le soir nous étions tous brisés de fatigue.

Peu de temps après, les fermes achevèrent de se peupler, et à la saison des semailles la plaine se couvrit de charrues. Mademoiselle Jessy avait elle-même choisi l'emplacement de notre mazet sur le bord de l'étang. Jacques m'aida à le mettre en culture; seul, je ne l'aurais pas pu. Mon mariage suivit, du reste, de bien près mon installation. M. Harrys et sa fille nous firent l'honneur d'y assister. Georges et Louis furent mes témoins; mademoiselle Jessy, toujours bonne et gracieuse, s'était chargée du trousseau de ma femme et voulut elle-même l'habiller. Quant à ma femme, elle était charmante, et fut trouvée telle, même par ma mère qui lui en voulait cependant un peu de ce que je l'aimais. Rosalie, qui avait obtenu de son mari d'assister à la noce de sa sœur, resta près d'une semaine avec nous dans notre nouveau mazet. Jacques y vint aussi, mais ne tarda pas à nous quitter; il ne voulut pas se marier et plutôt que de s'exposer à ce malheur, comme il disait, il partit pour une ferme éloignée, au grand regret de M. Harrys qui y perdait un excellent ouvrier; et à mon grand chagrin, car, pendant trois ans, il avait été pour moi un conseiller et un frère. Nous restâmes donc seuls, et une nouvelle vie commença pour moi, vie paisible et bien heureuse pendant plusieurs années.

Chaque jour je découvrais dans Henriette de nouvelles qualités : cette femme était un vrai trésor de vertu, et son caractère avait une inaltérable douceur. Un garçon de peine que nous prîmes, grâce à notre petit avoir, nous permit de mettre notre lot en bon état. M. Harrys, dans sa prévoyance, avait depuis longtemps fait planter des arbres fruitiers dans chaque jardin, j'en doublai le nombre. Dès la première année j'eus cinq ruches dont les abeilles se nourrissaient aux dépens des fleurs de mademoiselle Harrys, qui prétendait qu'elle les ferait assigner devant le juge de paix pour s'entendre condamner aux dommages et intérêts. Entre l'étang et la maison, nous fîmes une prairie qui donnait à l'habitation un très-bon air, diminuait le travail de culture et nous permettait d'avoir un petit troupeau de brebis, dont le lait et la laine nous procuraient de jolis profits. Je dois à la vérité de dire que cette amélioration, à laquelle je n'aurais pas pensé, nous fut suggérée par mon beau-père, dont les conseils nous furent plus d'une fois très-utiles. Notre mazet, tout pareil aux autres, se composait de deux pièces au rez-de-chaussée, de trois chambres au premier et d'un grenier en mansarde bien clos ; un petit parc à bestiaux et une grange, avec une étable, s'élevaient à une petite distance. Nous choisîmes pour notre appartement principal la chambre du nord, dont l'une des fenêtres s'ouvrait sur l'étang, la seconde sur la cour et le jardin. Un grand lit à rideaux bien blancs, une armoire en noyer pour le linge, une table avec quelques rayons pour mes papiers et mes livres de compte, une autre table près de la fenêtre de l'étang, quelques chaises, un fusil de chasse formaient la partie importante de notre mobilier ; nos objets de luxe n'étaient pas nombreux, ils consistaient en deux flambeaux de cuivre jaune, une statue en plâtre de la Vierge, un miroir qui avait le singulier défaut d'allonger le visage en le rétrécissant, et deux gravures, présent de M. Harrys à chacun de nous, dont l'une représentait les Aulnaies avant le défrichement et l'autre après. C'était plus modeste que le cabinet en soie bleue de mademoiselle Jessy ; mais telle qu'elle était, notre chambre nous plaisait. Le bonheur ne consiste pas dans les superfluités qui nous entourent, il est tout dans le cœur de l'homme. L'une des pièces du bas nous servait de buanderie, l'autre de cuisine ; nous y prenions nos repas et nous y passions la soirée quand les jours devenaient trop courts ; en été nous nous tenions de préférence sur un banc circulaire, au pied de l'oranger que j'avais planté, déjà grand, au centre de notre cour, le jour même de notre mariage.

Un an après, presque jour pour jour, Dieu nous donna un garçon, et nous fûmes obligés de prendre, outre le garçon de peine, une femme pour soigner le jardin. Dix-huit mois plus tard, il nous vint un second garçon. Henriette aurait désiré une fille et n'accueillit pas pour cela avec moins de joie le nouveau-venu. Mademoiselle Jessy voulut le tenir sur les fonts et lui donna le nom de Joseph ; elle était toujours aussi parfaite pour nous, et nous lui donnâmes bien volontiers cette satisfaction. Le petit Henri, son frère, commençait déjà à se traîner dans la chambre, et sa mère en était toute fière, parce qu'elle prétendait qu'il me ressemblait. Je vis bien qu'il fallait doubler de travail pour soulager ma chère Henriette et gagner de quoi élever plus tard notre petite famille. Je remplaçai donc une partie de notre blé par la garance. La terre était magnifique pour cette culture, la plus fatigante, mais aussi la plus productive de toutes. Je travaillai du matin au soir, bêchant profondément et meublant le sol, heureusement très-peu pierreux ; lorsqu'il fut bien préparé et bien amendé, mon père à qui j'avais écrit m'envoya par Louis un sac d'excellente graine, et ce bon frère eut la bonté de me consacrer deux ou trois journées pour mener à fin les semailles avant les premiers froids. Henriette ne savait rien de cela ; sans cesse occupée de son jardin, de ses brebis et surtout de ses deux enfants qu'elle transportait toujours avec elle quand le temps le permettait, elle n'avait pas eu depuis longtemps l'occasion de visiter la terre qu'elle croyait ensemencée de froment. Un jour de printemps, en revenant de la messe, je lui proposai de sortir un peu avec moi. Je pris Henri entre mes bras, elle se chargea de Joseph, et nous remontâmes jusqu'à l'endroit où la garance commençait à sortir de terre. Elle fut bien surprise et bien heureuse ; puis regardant avec plus de soin les profondes tranchées, elle me dit d'un air confus : — « C'est bien mal de ma part de te laisser ainsi tuer de travail, pendant que je me repose à la maison. » Je l'embrassai pour la consoler, et je vis qu'elle était vivement touchée de ce qu'elle appelait mon attention. — « Mais à présent, continua-t-elle, je suis bien, les enfants donnent moins de tracas, je veux t'apporter chaque jour ton déjeuner, je serai ton inspecteur et je t'empêcherai de faire d'autres folies. » En revenant, nous rencontrâmes M. Harrys qui, après une partie de bateau avec sa fille, venait de mettre pied à terre chez nous, comme il disait. Ma femme lui raconta ce qu'elle venait de voir ; il voulut aussitôt que je le conduisisse à la garancière, pendant que sa fille, alléchée par la promesse d'une tasse de lait de brebis et d'une tartine de miel nouveau, revenait au mazet, chargée de son filleul qu'elle avait arraché de force à sa mère. — « Eh ! eh ! mon garçon, bravo ! s'écria M. Harrys, sondant la terre avec son bâton ferré, je t'ai prédit que tu ferais fortune. Voici la plus belle garancière des Aulnaies, ou je ne m'y connais pas. Les brins sont superbes, les tiges bien carrées, feuilles découpées, plant de choix ; couvre-la bien à la première pluie : tu sais, la racine y profite, ne crains pas de creuser, la terre est bonne. Eh ! mon garçon, elle est bonne la terre, eh ! eh ! elle ne ressemble pas à ce qu'elle était il y a cinq ou six ans ; » et il se tambourina sur le ventre, ce qui chez lui était le signe d'une grande satisfaction intérieure.

Au commencement de l'hiver nous perdîmes notre bonne petite maîtresse ; elle partit pour Paris afin d'y passer la saison chez sa sœur qui y demeurait. Nous étions tous si habitués à la voir passer à cheval chaque jour dans la campagne, entrer dans les mazets, caresser les enfants, soigner les malades, ou tout simplement nous dire un petit bonjour en passant, que son absence fut vivement regrettée aux Aulnaies. Mais nous l'attendions au printemps avec les premiers rayons du soleil. Le printemps revint, mademoiselle Jessy n'arriva pas; son père nous apprit qu'elle était mariée en Normandie à l'autre bout de la France : elle avait épousé un homme bien placé, riche, propriétaire d'un beau château, mais il n'était plus très-jeune, et son service nécessitait de longs et fréquents voyages. Le pauvre M. Harrys, en nous contant cela, avait envie de pleurer. Il avait espéré que son gendre viendrait s'établir aux Aulnaies, il n'avait tant soigné sa propriété que dans cette idée, à présent il n'y avait plus à y penser, tous ses plans étaient renversés; il s'ennuyait seul, ne s'intéressait plus à sa terre, restait presque toujours enfermé chez lui. En six mois il vieillit de dix ans. Un jour que nous étions assis sous notre oranger, il prit une chaise, et, sans dire un mot, se mit à regarder nos deux garçons, étendus sur la solée de blé que nous étions en train de dépiquer, riant aux éclats et nous tendant leurs petits bras nus. — « Vous êtes bien heureux, vous autres, nous dit-il enfin, vous avez vos enfants pour longtemps encore auprès de vous. — Dieu veuille, lui répondit Henriette, qu'ils soient bons comme mademoiselle Jessy. — Oh oui ! elle est bonne, la chère enfant, et moi qui l'aime tant ! tout le monde l'aimait ici ! Tenez, dit-il en éclatant tout à coup, cette maison je l'ai en horreur, c'est un tombeau à présent et je ne puis plus y demeurer. » Il s'essuya les yeux du revers de la main. — « Je deviens bien ennuyeux, n'est-ce pas, mes bons amis ? que voulez-vous, c'est plus fort que moi. » Puis changeant tout à coup de conversation. — « Pierre, me dit-il, tiens-tu à ta ferme, toi ? » Je le regardai avec étonnement. — « Vous savez bien que j'y tiens, lui répondis-je. — Tu as raison, puisque tu y es heureux : veux-tu l'acheter? — Je n'aurais pas de quoi payer le quart de ce qu'elle vaut. — Combien as-tu d'économies? — Avec la dot d'Henriette, 500 francs à peu près. — Oui, mais tu oublies que tu as droit à une part des profits. La ferme vaut bien 15,000 fr., si tu m'en donnais 10,000, ce serait une bonne affaire pour toi. — Mais pas pour vous, s'écria Henriette, pensant qu'il plaisantait. — Pourquoi pas? je vendrai cette terre quand je voudrai 300,000 fr., j'en ai promis par contrat 20,000 à Jessy en la mariant, j'en donnerai 50,000 à Joséphine, qui n'a pas été aussi bien partagée que sa sœur, avec le reste j'achèterai une petite campagne en Normandie, le plus près possible de son château, ce sera ma dernière habitation sur cette terre. Adieu Pierre, réfléchis à ce que je te dis, tu m'apporteras ta réponse dans quelques jours.

Il se leva, embrassa le petit Joseph, nous tendit la main, et sortit, marchant avec peine et s'appuyant sur sa canne. — « Pauvre monsieur, ce n'est pas en Normandie qu'il ira, me dit tristement ma femme en le regardant s'éloigner. Le chagrin vieillit vite. Il était si fort il y a six mois. » Nous le revîmes de loin en loin, il s'affaiblissait à vue d'œil, et lorsque l'hiver arriva il cessa complétement de sortir. Un jour il me fit appeler.—«As-tu réfléchi à ce que je t'ai dit, Pierre? — Que m'avez-vous dit, monsieur Harrys? — Pour la ferme, tu sais bien? — Oh je me rappelle à présent, mais je suis toujours dans la même position. — Je te donnerai autant de temps que tu voudras. — Comme cela j'accepte en vous remerciant ; mais je ne veux pas vous tromper, la ferme vaut bien 15,000 f. — Tu es un brave et honnête homme, Pierre, je sais mieux que toi ce que peut valoir la ferme ; mais je te l'ai déjà dit, je veux te récompenser ; dans huit jours je partirai, pour toujours peut-être, Dieu sait : dans tous les cas je veux terminer ici mes affaires, nul ne sait s'il vivra demain. » Je le remerciai avec émotion, et prenant congé de lui, j'allai annoncer cette nouvelle à la fois heureuse et triste à ma femme. Avant la fin de la semaine l'acte était dressé et signé, j'avais dix ans pour payer les 5,000 fr. restants. Le lundi suivant M. Harrys, comme il me l'avait annoncé, roulait sur la route de Normandie.

C'est ainsi que s'accomplit la prédiction de mon père : de simple ouvrier j'étais devenu successivement fermier, puis propriétaire, et cela sans rien faire d'extraordinaire assurément, simplement en remplissant mon devoir. Quelques personnes diront que j'avais eu de la chance, mais moi je suis persuadé qu'il y a bien peu d'hommes qui par le travail et l'économie ne puissent se créer une existence aisée. Pour un ouvrier comme pour le plus riche propriétaire, la véritable, la seule chance pour devenir heureux, c'est la bonne conduite, le respect du devoir.

Henriette et moi nous étions donc heureux, aussi heureux que possible ; notre petite propriété, bien tenue et bien située, donnait de jolis revenus. Nos garances avaient réussi à merveille, nos mûriers ne prospéraient pas moins; déjà nous pouvions vendre la feuille chaque été pour une somme assez ronde, et le temps approchait où nous pourrions gagner plus encore sur l'élevage des vers à soie. Sur la terre il ne peut cependant pas y avoir de jouissance parfaite, et dans le cours des cinq années qu'il nous fallut pour payer entièrement notre ferme de Terre Neuve, quelques chagrins passèrent sur notre bonheur comme les nuages sur un ciel bleu. Le plus sensible pour moi fut la mort de ma bonne mère. Averti à temps, j'eus la consolation d'arriver assez tôt pour lui fermer les yeux. Elle mourut comme une sainte, et ses dernières paroles furent des conseils graves et religieux à ses enfants à genoux autour de son lit. Notre ancien maître mourut aussi après trois ans de séjour en Normandie ; nous le regrettâmes tous, il avait été si bon. Nous ne vîmes pas son héritier, qui se contenta d'envoyer un intendant ; la terre fut mise en vente et morcelée entre dix petits propriétaires. Un riche parvenu fit l'acquisition de la réserve, et son premier soin fut de renverser la jolie maison italienne pour la remplacer par un château fort, grand comme la main, avec des tours, un pont-levis, et un observatoire sur lequel il arbora un drapeau jaune, rouge et noir, avec des armes éclatantes et surmontées d'une couronne. L'été suivant il vint au pays, nous conduisant sa femme : lui, long, maigre, sec comme une gaule à abattre les olives, regardant les travailleurs avec dédain, peignant des favoris roux et fumant d'énormes cigares; elle, petite, grosse, avec une tête comme une boule, les yeux à fleur de tête, et se donnant des airs de jeunesse malgré ses 45 ans. Deux domestiques galonnés, culotte rouge et frac bleu, les suivaient dans toutes leurs promenades, portant le châle vert de madame et un affreux petit chien hargneux qui ne savait que montrer les dents aux passants. Au commencement, ils daignaient sortir assez souvent dans la campagne ; mais un dimanche, qu'ils avaient fait scandale au village en lorgnant toutes les femmes pendant la messe et en causant tout haut, ils furent hués à la porte et accompagnés de sifflets et de plaisanteries. Ce fut leur dernière apparition. Ils passèrent cependant leur saison d'été dans leur forteresse, mais sans en jamais sortir et sans y recevoir personne. Au commencement de l'automne ils s'envolèrent comme deux corbeaux et ne revinrent plus. La Provence ne fut pas de leur goût, le château demeura fermé, et le mistral ne laissa du drapeau arlequin que quelques lambeaux ternis.

Je me suis bien longuement étendu sur cette première partie de ma vie, si calme, si douce et en même temps si bien remplie. Aujourd'hui, loin du bonheur, loin de ma famille, flétri, déshonoré, laissez-moi la seule consolation qui me reste, celle de tâcher au moins d'oublier le présent, de retrouver un instant par la pensée les joies de la vie de famille, la douce liberté des champs, la laborieuse activité de ma vertu. Laissez-moi du haut de mon rocher regarder une fois encore cette patrie de ma jeunesse, cette verte campagne, ce blanc mazet enguirlandé de lierre et de vigne sauvage où je ne dois jamais rentrer. Oh! mon Dieu, est-il possible que ce soit là le commencement de mon histoire? Fortune, bonheur, santé, un ange pour compagne, des enfants pour me chérir, vous m'aviez tout donné, et à présent il ne me reste rien, plus rien que l'opprobre et le remords!

Mes enfants, chers enfants auxquels je ne puis laisser en héritage qu'un terrible et salutaire exemple, lisez et souvenez-vous, car ceci n'est pas un conte, c'est l'histoire de votre père. Ne quittez pas le sentier du bien, le seul large et fleuri, le seul qui conduise au bonheur. Ne cherchez pas même à connaître le mal : c'est un précipice où l'on marche dans la nuit et dans le malheur, se blessant à toutes les pierres, se déchirant à toutes les épines. Dans le mal il peut y avoir de l'ivresse quelquefois, jamais de réelle satisfaction. Dès que l'on a mis le pied sur le bord, la folie vous entraîne, on tombe de déception en déception, de faute en faute jusqu'au crime, et alors seulement on se réveille ; on voudrait ressaisir son passé, retourner en arrière ; mais il est trop tard : écrasé par la honte et le remords, flétri par sa propre conscience, objet de honte pour les siens, l'homme dégradé cherche en vain autour de lui au moins une espérance : il ne trouve, hélas! pour le passé que des regrets, pour l'avenir que des remords.

DEUXIÈME PARTIE

LE CHEMIN DU MALHEUR

L'année 1848 arriva ; jusque là je n'avais songé qu'à améliorer ma petite propriété, à mener doucement une vie exempte de soucis et d'inquiétudes auprès d'une femme justement aimée, à donner à mes deux garçons une bonne éducation et à développer dans leur cœur les principes auxquels je devais le bonheur. Le 3 janvier de cette année le Ciel mit le comble à notre félicité, il nous envoya une petite fille. « — Vois quelles étrennes Dieu nous donne, me disait Henriette en la couvrant de baisers, qu'il est bon et que nous serions ingrats de l'abandonner ! » et elle me présentait Marie pour l'embrasser à mon tour. Henry et Joseph se réjouissaient avec moi. — « Je lui ferai une petite voiture, disait l'un, et moi je serai le cheval, répondait l'autre. » Ils auraient déjà voulu l'emmener jouer avec eux. — « Pas encore, pas encore, disait Henriette en leur souriant, ses pieds sont trop petits, attendez qu'elle ait un peu grandi, alors vous l'aimerez bien, n'est-ce pas ? — Oh ! nous l'aimons bien déjà. » Deux mois se passèrent. Un jour, au commencement de mars, je conduisais des brebis au marché de Ronciéras, il y régnait une animation extraordinaire. Un drapeau neuf flottait à la fenêtre de la mairie, et les mauvais sujets du village avaient un air de crânerie qui m'étonna. — « Est-ce donc la fête du roi aujourd'hui ? demandai-je à un voisin. —

Chut, me répondit-il, il n'y a plus de roi.—
Comment! plus de roi ?—Non, nous sommes
en république. — Farceur, va ! — Je voudrais, ma foi bien, que ce fût une farce, mais
va lire ce papier. — Je fendis avec peine
la foule pelotonnée autour du poteau sur
lequel était collée une affiche venue de Paris, et j'y lus une proclamation du gouvernement provisoire.— « Eh bien ! fit Cavantou. — Vive la république ! Le peuple est
libre, criait un ivrogne. — Et les hommes
sont égaux, répondait sur le même ton un
grand gaillard à face blême que personne
ne connaissait. — Tiens, voisin, le mieux
que nous ayons à faire est de retourner
chez nous, aussi bien personne ne se soucie d'acheter ; » et nous repartîmes. — « Au
diable la république ! grommelait Cavantou
en chassant sa vache devant lui, voilà 20 f.
que cette liberté me fait perdre clair
comme le soleil. — Ils auraient bien pu
attendre la fin du marché pour poser leur
papier que le diable emporte, disait François. — Oh ! mes enfants, c'est pire que le

choléra, répétait une vieille femme, dans huit jours vous verrez la guillotine. — Et les assignats pour ruiner le pauvre monde, ajoutait un ancien, j'en ai déjà goûté de la sauce. — As pas peur, criait un jeune fermier aux épaules carrées en posant son chapeau crânement sur l'oreille. Si les bonnets rouges viennent par ici, je les saluerai à soixante pas avec une poignée de ferraille qui leur fera rentrer la liberté dans le ventre. — Et nous donc, crois-tu, Marceau, que nous voulons de leur république ? » Sur notre route nous rencontrâmes plusieurs groupes de paysans qui, la veste sur l'épaule, l'aiguillon à la main, conduisaient leurs bœufs au marché. Nous leur annonçâmes la grande nouvelle, ils ne voulaient pas y croire d'abord, puis ils rebroussaient chemin en maugréant. Voilà comment la république de 48, faite par le peuple, et pour le peuple, fut acclamée dans les campagnes. Quelques mois se passèrent, chaque jour les feuilles de Paris nous apportaient de belles promesses de réduction d'impôts, de réformes, que sais-je ? En attendant, les propriétaires ne faisaient plus travailler, les ouvriers chômaient, les impositions augmentèrent de 45 centimes. Les rouges, qui savaient bien que nous ne les aimions pas, nous traitaient dans leurs écrits de butors, de crétins, d'esclaves, de paysans. Ils trouvaient que nous n'étions pas assez pressés de nous saigner à blanc pour leur donner notre argent. Mais quand ils virent que, malgré eux, nous allions devenir électeurs, ils changèrent leur jeu. Ils écrivirent de belles lettres aux paysans, pour nous prendre à la glu : c'était pour nous seuls qu'ils avaient renversé le gouvernement, nous étions leurs amis, leurs frères, les travailleurs de la terre, comme eux les travailleurs de la pensée ; ils inondèrent les campagnes de leurs écrits ; ne pouvant rien par la force, ils essayèrent de la flatterie, et l'homme est ainsi fait que plus d'un s'y laissa prendre. Ma femme, qui voyait bien que j'étais assez simple pour mordre à l'hameçon, essayait de m'empêcher de lire les journaux, qui poussèrent tout à coup par milliers après la révolution comme les champignons après un orage. Mais Antoine m'apportait pour rien à la maison le journal de la canaille, le père Duchêne et autres du même genre, il me les expliquait. — « Il faut, répétait-il, que le peuple connaisse enfin ses droits, qu'il soit éclairé, qu'il soit libre, que sais-je ? » Henriette, en quatre mots, avec son simple bon sens, lui prouvait qu'il avait tort de parler ainsi, tournait ses théories en ridicule et lui fermait la bouche. D'abord il faisait semblant d'en rire, puis il cessa de venir à la maison et vint en cachette me trouver aux champs. Là, assis sur le bord d'une tranchée, il me débitait des nouvelles et m'instruisait à sa manière ; j'étais assez sot pour l'écouter : le temps se perdait et le travail n'avançait pas. Je le croyais de bonne foi et plus instruit que moi, il n'était que bavard et dissimulé ; souvent il avait l'air de se rendre à mes objections, ce n'était qu'un jeu pour piquer ma vanité ;

le lendemain il revenait à la charge et prenait sa revanche. Il me versait le poison goutte à goutte. J'étais rempli d'amour-propre, c'est par là qu'il m'attaquait. Malheureusement je ne fus pas sa seule victime, et il n'était pas le seul non plus qui exploitât la crédulité des habitants de la campagne. Ces missionnaires de mauvaises doctrines répandirent une foule de petits livres soi-disant historiques et littéraires et qui n'étaient que mensongers et irréligieux. Leur meilleur moyen d'éclairer le peuple, c'était de le corrompre, de le rendre incrédule. Quand il n'a plus la foi, l'homme est perdu ; ce n'est plus qu'un arbre sans racine, qui de loin paraît fort, mais que le moindre vent couche sur la terre. Les élections approchaient ; chaque candidat, Dieu sait s'il y en a en temps de république, pour obtenir le droit de dépenser en bons dîners à Paris, 25 fr. par jour amassés centime par centime à la sueur du front du laboureur, faisait les plus belles promesses : chacun serait riche et n'aurait pour cela qu'à se croiser les bras. On saurait sans apprendre, on serait homme d'État sans savoir ce que c'est que l'État, et bien d'autres belles choses qui n'avaient d'autre défaut que celui d'être des absurdités. Plusieurs mois se passèrent ainsi. Quoique au dehors je fusse toujours le même, j'avais cependant déjà fait bien des progrès dans le mal. Je commençais à croire que les prêtres trompent le peuple, que la religion est bonne pour les femmes ; j'allais encore le dimanche à la messe, mais je n'y priais plus ; le travail était sans charme pour moi, et je commençais à me trouver bien au-dessus de ma position par mon intelligence. — « C'est un devoir pour tous les Français de voter, dis-je un soir à Henriette, dans trois jours j'irai au chef-lieu de canton. — Tu as raison, me dit-elle, il faut que les bons s'unissent contre les méchants, peut-être ferais-tu bien de consulter notre curé pour savoir lequel de ces messieurs est le plus digne. — J'ai mon opinion et *je* ne suis pas le domestique du curé pour voter d'après ses ordres. — Aussi ne t'ai-je pas dit de lui demander ses ordres, mais ses conseils. — Je me soucie des uns comme des autres, les curés ont déjà assez d'influence sur le peuple sans qu'on leur donne encore sa conduite politique à régenter. » Elle ne répondit pas, servit le souper et ne mangea rien. Moi, j'affectai d'être plus gai que de coutume, j'avais fait acte d'homme libre ; dans le fond je sentais qu'elle avait raison, et je me couchai de bonne heure pour éviter toute conversation. Comme presque tous les votants, je ne connaissais les candidats que de nom. Antoine, qui feignait de croire que j'avais de la préférence pour le plus mauvais, m'en loua beaucoup, et je n'osai pas lui dire que mon intention était de voter pour les modérés. Le jour du vote, je m'éveillai de grand matin ; j'avais eu la précaution d'écrire mon bulletin la veille et de le mettre dans la poche de mon gilet. Je le montrai à Henriette qui, reconnaissant les noms que mon beau-père avait recommandés, m'embrassa en disant : — « Je savais bien que tu ne choisirais que des honnêtes gens. J'ai eu tort de me mêler de tes affaires et je t'en demande pardon. » Je sortis, joyeux de ce que je venais de faire. A une demi-lieue de la maison, je rencontrai Antoine, le nouvel instituteur qui ne valait pas mieux que lui, et cinq ou six jeunes gens qu'il avait recrutés dans les environs. Ils me reçurent comme un des leurs ; j'étais contrarié de cette rencontre, j'aurais eu honte d'être vu avec eux, et cependant je n'osai pas les quitter. Nous poursuivîmes notre route, il soufflait un vent froid qui nous coupait le visage. Une auberge était sur la route, nous y entrâmes pour déjeuner. On nous servit du fromage sec, du saucisson et du vin. Je n'étais pas grand buveur ; mais Antoine, qui avait voulu payer, ne laissait pas mon verre vide un instant. La chaleur ne tarda pas à me monter au visage, et quand je sortis, le froid augmentant l'effet de la boisson, je sentis pour la première fois mes jambes vaciller sous moi ; ma tête était exaltée, nous nous mîmes à parler politique, je parlais plus haut que les autres, je répétais avec fatuité les leçons d'Antoine : tous applaudissaient à ma verve, le colporteur plus que les autres ; le maître d'école déclarait hautement que j'étais un profond penseur, et quand nous arrivâmes, j'étais convaincu de mon propre mérite. Notre guide nous conduisit tous à la mairie. — « Nous sommes des frères, nous voterons tous comme un seul homme, » nous dit-il ; il nous remit des billets imprimés et ne cessa de nous surveiller jusqu'à ce qu'il les eût tous vus déposer dans l'urne. Aussitôt après il s'esquiva. Voilà quel fut mon premier vote de citoyen libre ; ce n'est que plus tard que j'appris que le candidat que j'avais soutenu était justement l'homme que je méprisais. En sortant de la salle, je rencontrai un individu de trente-cinq à quarante ans, en pantalon bleu et en écharpe rouge, coiffé d'une sorte de képi militaire, je le pris pour le sous-préfet. — « Vive la république! me dit-il en me frappant sur l'épaule, on est donc un homme et l'on vote pour la liberté. » Je le regardai avec étonnement. — « Simon! m'écriai-je en reconnaissant sous ce travestissement l'homme que j'avais fait chasser de l'exploitation huit jours après mon arrivée. — Oui, mon garçon, Simon, pour la vie, toujours le même, un bon B... de la veille celui-là, un crâne à qui le Provisoire a f... la mission de chauffer les élections; ça va, s. D., ça va, tu m'as fait une misère dans le temps, mais aujourd'hui tu es des bon, f.!! Allons boire une bouteille à la régénération des classes ouvrières. » Cela dit d'un air superbe, il m'entraîna dans un cabaret voisin déjà rempli, où, tout en buvant coup sur coup, il me promit sa protection et me tint de longs discours dont je compris à peine quelques mots. Les oreilles me tintaient comme si l'on y eût attaché des cloches, ma langue s'empâtait, et une invincible torpeur s'empara de moi. Lorsque je m'éveillai le lendemain, la tête lourde et les reins brisés, j'étais étendu sur un plancher sale et graisseux, les habits en désordre et tout tachés. Je me relevai honteux, et cherchai mon mouchoir pour m'essuyer. Je ne le trouvai plus, le commissare de la république me l'avait enlevé avec mon argent. Je n'osai plus rentrer à la maison, et je demeurai toute la journée à rôder autour ; j'avais honte de me présenter devant ma femme après ce que j'avais fait, ce ne fut que le soir à l'heure où je la savais occupée au jardin que je me glissai furtivement à ma chambre à coucher : je me jetai tout habillé sur mon lit et ne tardai pas à m'endormir. Il était une heure du matin quand je m'éveillai. Henriette était assise près du lit, travaillant à la lueur d'une lampe ; elle me demanda si j'étais mieux, si je voulais prendre quelque chose, mais ne me fit pas une seule question sur l'emploi de ma journée ; j'aurais dû lui demander pardon, la honte me retint. — « Pourquoi n'es-tu pas couchée? lui dis-je. Elle ne répondit pas? mais une larme coula sur sa joue et tomba sur sa couture, cette larme était la première que je voyais couler ; hélas ! bien d'autres sont tombées depuis par ma faute. Quelques jours se passèrent, je m'étais promis d'expier par ma conduite cette première faiblesse. Je ne sais quelle malheureuse affaire me conduisit à Ronciéras. J'allai chez mon beau-père, qui me parla sévèrement ; il avait appris ce que j'avais fait au canton : je crus qu'Henriette m'avait dénoncé et je sortis de très-mauvaise humeur. En traversant le village, je rencontrai l'instituteur dont j'eus au contraire à subir tous les félicitations. — « J'espère, me dit-il, que vous viendrez de temps en temps à notre club. » Je m'en défendis. — « Allons donc, avouez-le, vous avez peur de votre beau-père. — et des reproches de M. le curé, dit un autre. — Non, j'ai mes affaires, répondis-je impatienté. — Votre femme vous attend pour habiller les enfants ? — Je me moque bien du curé et de tous les autres, j'ai mes affaires. — La patrie avant tout!!! s'écrièrent-ils ; et ils recommencèrent à m'endoctriner. — « Je ne sais pas même ce que c'est qu'un club. — Un club, me répondit le maître d'école, c'est un foyer de lumière allumé par les amis de la liberté et du pays pour éclairer et échauffer les masses, pour les arracher au mercantilisme et à l'exploitarisme et préparer la palingénésie par laquelle l'humanité doit s'élever en gravitant jusqu'aux splendeurs infinies de la liberté. Vous ne comprenez pas encore ces grandes théories, ajouta-t-il d'un air de condescendance, mais venez quelquefois entendre nos orateurs, nous ne vous en demandons pas davantage. Nos séances ont lieu le soir, il n'y aura donc pas de temps de perdu. » Moitié curiosité, moitié désir de montrer que j'étais capable de m'élever à la hauteur du maître d'école, je me laissai encore entraîner.

Ce foyer de lumière brillait de tout son éclat dans une grange assez délabrée ; une table et six chaises pour le bureau, des gerbes de paille et des bottes de foin, sur lesquelles s'asseyaient de rares auditeurs ; voilà pour la décoration. Les orateurs ne s'en occupaient pas beaucoup. On fit de beaux discours sur la régénération des peuples, sur la guerre de Pologne, la religion de la nature, le milliard des émigrés, la restauration de la mairie de Ronciéras, l'émigration des nègres, la nécessité de retrancher le traitement du curé, l'indépendance de l'Amérique. Mais le sujet qui intéressa le plus vivement, et donna lieu aux plus éloquents discours, fut la révélation d'une conspiration ourdie par les prêtres et les jésuites, et favorisée par l'empereur de Russie, pour rétablir l'esclavage en France. Ces accusations sont tellement absurdes, que je n'oserais pas les répéter, s'il n'était encore facile de se procurer les feuilles républicaines où elles circulèrent alors.

Sans doute, je ne croyais pas à tout ce que j'entendais, mais bientôt je fus ébranlé : j'avais commencé par aller au club par pure curiosité, ensuite j'y pris intérêt. Il en est des mauvaises compagnies comme des boissons fortes : on fait la grimace la première fois qu'on y goûte ; on s'y habitue peu à peu, puis elles deviennent un besoin, une nécessité. Le premier fruit que je retirai de ces sociétés maudites, fut de prendre le travail en dégoût et le cabaret en habitude. En sortant du club, on s'assemblait chez le marchand de vin pour discuter les théories, pour juger les discours, on buvait une bouteille, puis deux. L'herbe étouffait le blé dans les champs, et les mauvaises passions prenaient le dessus dans mon cœur. Henriette redoublait d'activité, mais elle avait plus de courage que de force ; Henry et Joseph l'aidaient de tout leur pouvoir : pauvres enfants, malgré toute leur bonne volonté, ils n'étaient pas capables de grand'chose. Bientôt, il n'y eut plus de quoi payer le garçon de ferme, il fallut le renvoyer. Les affaires furent alors en empirant. Au lieu de prendre bravement mon parti, de laisser là orateurs et politique, cabaret et réunions, et de reprendre la pioche et la charrue, ainsi que me le conseillait mon beau-père, je rompis avec lui et me fis recevoir membre du club. Dès ce moment, la vanité, l'ambition, la fureur de faire parler de moi, ne me laissèrent plus un moment de repos. A force de déclamer des calomnies contre les prêtres qui m'avaient élevé, contre les riches à qui je devais mon bonheur, je m'acquis enfin parmi les grands hommes de Ronciéras une triste célébrité. Henriette essaya de tous les moyens pour me ramener ; elle se jeta en pleurant à mes genoux, me suppliant à mains jointes d'avoir au moins pitié d'elle et de mes enfants ; je commençais à m'endurcir, je la repoussai, je devins je tyran de celle dont j'avais juré de faire le bonheur, je la menaçai de l'abandonner si elle voulait continuer à m'arracher à mes devoirs de citoyen. C'eût été pour elle un grand bien, mais elle m'aimait malgré mon inconduite ; elle espérait que je reviendrais au bien, elle se résigna, et redevint humble et silencieuse. Le chagrin creusa de rides son visage, la fatigue et la douleur effacèrent toute sa brillante fleur de jeunesse. Une année se passa ainsi ; je n'étais plus le même homme. Mes parents, après m'avoir fait de vifs reproches, s'étaient éloignés de moi. La réprobation pesait sur ma tête. Les honnêtes gens s'écartaient à mon approche, on ne m'appelait plus que Pierre *le rouge*. Que m'importait ! j'étais ivre de l'ivresse la plus dangereuse, celle d'une ambition effrénée. J'avais commencé par ne plus gagner, *bientôt je fis des dettes ;* notre petite propriété, grevée d'hypothèques, ne pouvait plus subvenir à mes honteuses dépenses. J'eus le triste courage, je devrais dire la lâcheté, de la vendre. C'était sous ce toit que j'avais passé des jours heureux, dans cette chambre qu'étaient nés mes deux enfants, chaque arbre, chaque fleur était un souvenir ; qu'importe ! Sans même consulter ma femme, je vendis au premier spéculateur venu et presque pour rien, car en temps de troubles les propriétés perdent leur valeur. N'étais-je pas secrétaire d'un club, orateur démagogue, centurion de cohorte nommé par le comité de Paris. Encore quelques mois, et je roulerais sur l'or; nous allions faire rendre gorge à l'infâme clergé, partager les terres et les richesses des nobles, puiser dans le trésor des banquiers.

Je louai, en attendant, un misérable taudis dans le village, pour ma femme et pour mes enfants : c'était un local humide et malsain. Henriette y tomba malade de privations et de chagrin. Une bonne voisine eut pitié d'elle, et se dévoua à la soigner, car cet ange de bonté avait supplié son père et son frère de ne pas venir la visiter, craignant qu'ils ne m'y rencontrassent. Je m'occupai peu de tout cela : pour les régénérateurs de la société, la propriété est le vol, la famille l'égoïsme, Dieu le mal. Fidèle à ces belles doctrines, que je n'invente pas (elles ont été prêchées et sont imprimées dans le catéchisme républicain), j'avais vendu ma propriété, lâchement renié ma religion, j'abandonnai ma famille.

La patience des populations se lassait cependant : les travailleurs, tombés dans la misère avec la belle théorie du droit au travail, les propriétaires, toujours sous le coup de terribles menaces, les négociants ruinés, tous les gens honnêtes effrayés du progrès de la démoralisation, relevèrent la tête et se comptèrent. Un vote écrasant nomme un président. Tout le monde comprit ce que ce mot voulait dire. La république n'exista plus que de nom, et la main du maître ne tarda pas à se faire sentir.

Un ordre du sous-préfet, affiché sur le mur de notre grange, ferma notre club ; il nous défendait, sous peine de prison, de nous réunir. Les habitants furent charmés de cette décision, qui dissipait un attroupement suspect, et les modérés du parti saisirent avec joie l'occasion de se retirer. Mais ceux qui, comme moi, prétendaient être les chefs, Antoine, l'instituteur, le fils de l'ancien maire, et quelques autres regardèrent cette défense comme une atteinte portée à leur liberté la plus sacrée, et résolurent de se venger. Nous ne fûmes pas les seuls. Aux clubs qui se tenaient en plein soleil, et où la présence de gens moins corrompus forçait les orateurs à une certaine réserve, succédèrent les sociétés secrètes, dont l'espérance du succès dans l'avenir et l'impuissance momentanée redoublaient la fureur. Alors, pendant quelque temps, le calme reparut à la surface, comme il arrive dans certaines maladies, où les taches et les boutons disparaissent tout à coup : le malade paraît guéri ; mais son état est plus dangereux, car tout le poison qui était à l'extérieur le ronge à l'intérieur. Toutes ces sociétés, composées du rebut de la société, de forçats évadés, de voleurs, d'hommes tarés, de joueurs perdus de dettes, de débauchés, d'ambitieux, et dirigées de haut par des chefs pires que leurs soldats, s'organisèrent dans un but commun, renverser ce qui existait, institutions, lois, gouvernement. Si un pareil projet eût réussi, que serait-il sorti de toutes ces violences? le pillage, le meurtre, le brigandage. Maudits soient ces hommes lâches et sans cœur, ces ambitieux qui nous ont trompés, à qui nous devons l'exil, la honte, la douleur, le bonheur perdu ! Pour ces hommes, ceux qu'ils appelaient leurs frères ne sont que des instruments qu'ils brisent. On les a vus, alors que de pauvres ouvriers égarés par leurs doctrines se faisaient tuer sur les barricades, fuir et se cacher ; pas un seul n'a osé prendre les armes, pas un seul, cherchez leurs noms, vous n'y trouverez que des noms de peureux. Et maintenant encore, pendant que nous arrosons de nos larmes la terre de l'exil, pendant que nos familles ruinées mendient leur pain et ne vivent que de la charité de ces prêtres qu'ils voulaient chasser, de ces riches qu'ils voulaient dépouiller ; ces braves de langue, bien pourvus d'argent, en Angleterre, en Amérique, font des banquets et des discours, se posent en victimes, et paient avec de l'or volé des assassins étrangers, pour aller poignarder leurs vainqueurs. Nous les connaissons aujourd'hui, toute la France les connaît. Oh ! quand en écrivant mes malheurs je pense à ces hommes, mon sang s'allume, et je n'ai plus la force de leur pardonner !

Au mois de mai, un de ces purs républicains du comité de Paris vint organiser le département du Var. Il fit, comme tous, de belles promesses, et réunit en une société dite de la Marianne les hommes les plus pervers parmi les rouges. Mes discours et mes déclamations me mettaient au premier rang. Je fus affilié un des premiers. Une nuit, dans une ferme isolée, on me mit un bandeau sur les yeux, un poignard à la main, avec mille simagrées ridicules ; je jurai haine à la royauté, haine à la propriété, haine à la religion, et, après cet abominable serment, je fus solennellement déclaré frère et ami d'assassins, de voleurs et d'incendiaires. Oh ! mon Dieu, l'homme peut-il tomber si bas quand il vous abandonne ! Quelques mois après, je reçus l'ordre de mettre ma bande sur le pied de guerre, et j'obtins le titre de capitaine.

Tous ces honneurs n'empêchaient pas la misère de se faire sentir ; il fallut vendre pièce à pièce le peu de meubles qui nous restaient, tout, jusqu'au berceau de ma petite fille. La maladie d'Henriette achevait notre ruine, j'étais sans crédit et sans ressources, mes enfants n'avaient plus d'habits, et souvent pas de pain. Georges, leur oncle, proposa de les recueillir chez lui, car mon beau-père venait de mourir : je m'y opposai sous prétexte qu'il était aristocrate, mais la vérité, c'est que l'idée de recevoir l'aumône de mon beau-frère me remplissait de colère en me faisant songer que j'aurais pu être plus riche que lui. Ne sachant plus que devenir, je puisai dans la caisse de la société ; le trésorier n'osa pas s'y opposer : j'aurais pu le dénoncer, car depuis longtemps il y prenait de l'argent pour subvenir à ses dépenses. Ce que je dis n'a rien qui doive étonner ; toutes les banques populaires fondées à cette époque ont été ainsi administrées. Grâce à ces emprunts forcés, je pus continuer à jouer et à boire ;

des autres, je m'en inquiétai peu. Henriette se remit cependant un peu, elle commençait à se lever, et se serait remise à l'ouvrage, si sa garde ne l'en eût empêchée. Un jour, vers quatre heures, je rentrai à la suite d'un déjeuner avec mes complices, et j'ordonnai à ma femme d'aller m'acheter une écharpe rouge, parce que j'étais chef et que je voulais être reconnu de mes soldats. Elle me répondit timidement qu'elle n'avait pas d'argent ; ce mot me rappela que je venais de perdre le mien, et redoubla ma mauvaise humeur.—« Donne-moi à souper, » lui dis-je. Elle tira d'une armoire un pain et un petit morceau de fromage que les enfants regardaient d'un œil d'envie. —« Du vin et de la viande, m'écriai-je furieux. — Je n'ai pas autre chose. —Alors de l'argent. — Je n'en ai pas, murmura-t-elle d'une voix suppliante. » Je renversai la table d'un coup de pied, et m'avançai furieux vers elle. — « Veux-tu me donner de l'argent, ou je te tue. » Elle tomba à genoux ; Henri et Joseph s'échappèrent

en appelant du secours. J'écumai de rage :
« De l'argent, te dis-je, mauvaise femme,
ou... et je levai le poing pour la frapper. Une
main vigoureuse m'étreignit le bras à le
broyer. En un clin d'œil, je fus terrassé. Je
me relevai fou de colère, et saisissant un
couteau, je me précipitai sur mon agresseur. — « Ivrogne et assassin! me cria Georges, car c'était lui que la Providence avait
amené au secours de sa sœur; ivrogne et
assassin! » et, m'enlevant de terre, il me
lança dans la rue avec une telle violence,
que je tombai assez rudement pour perdre connaissance. Quand je revins à moi,
j'avais le front bandé, et Henriette en larmes humectait d'eau froide une blessure
que je m'étais faite à la tempe. Peu à peu
les idées me revinrent, le souvenir de la
honte publique que m'avait infligée mon
beau-frère me portait le sang au cerveau.
Oh! si j'avais pu me venger! Je vomissais
d'atroces blasphèmes; dans la nuit, j'eus
un accès de fièvre chaude. Je tenais Georges sous moi, je le poignardais lentement,

pour lui faire sentir la mort, je me tordais comme un reptile, et je poussais des hurlements de bête fauve. Enfin, la fièvre passa et je tombai dans une faiblesse telle, que je ne pouvais ni faire un mouvement, ni même ouvrir les yeux. De temps en temps, une impression de faîcheur calmait les douleurs qui faisaient battre mes tempes. C'était la main d'Henriette, de cette femme admirable que Dieu venait de sauver. Quel trésor de patience et de douceur que le cœur de cette femme chrétienne, de cette mère accomplie! quelle admirable résignation, quelle noblesse de sentiments que seule peut inspirer la religion!

Je fus quinze jours au lit sans pouvoir sortir. Elle aurait voulu me garder toujours. Oh! du moins là, elle était mon bon ange, pleine d'attentions sans un reproche, sans une parole amère, oubliant ses propres souffrances pour ne penser et ne compatir qu'aux miennes! Le calme auquel je n'étais plus accoutumé m'étonnait et me charmait à la fois. Mais quand je

commençai à reprendre mes forces, je sentis se réveiller chez moi tous mes mauvais instincts. Les douceurs de la vie de famille ne pouvaient plus me suffire, l'ambition et la soif de la vengeance me dévoraient. Les journaux, auxquels je n'avais pas voulu renoncer, m'apprenaient que tout se préparait pour une lutte suprême. Les partis étaient en présence, les démocrates prêts à l'attaque, les modérés à la défense. Je brûlais du désir de savoir quelque chose de positif. Enfin, je pus revoir Antoine, qui, pendant la durée de ma maladie, n'avait pas osé entrer chez moi. Il était rempli d'espérance ; nos chefs nous écrivaient de Paris de nous tenir prêts, d'avoir confiance, que l'armée était gagnée et n'attendait plus que le signal. Nous avions des dépôts d'armes et de munitions.
— « Soyez prêts à marcher, frères, la partie est gagnée. Vive la république ! » disait un autre de nos correspondants, « dans un mois, jour pour jour, la France sera libre, et la tyrannie vaincue ; comptez sur vos

braves chefs, au jour de l'action vous verrez de quoi sont capables ces grands cœurs des anciens âges ! »

Cette lettre nous remplit de joie. Nous passâmes une partie de la journée du 21 décembre à boire à l'ère nouvelle, et une assemblée générale fut indiquée pour le lendemain. Dès midi, nous nous réunîmes, au nombre de sept ou huit, dans un cabaret placé en face de la mairie pour préparer nos listes et rédiger nos proclamations. Vers quatre heures, au moment où nous allions nous séparer, un gendarme arrive au galop, apportant une dépêche de Draguignan. Un instant après, un émissaire républicain entra dans la pièce où nous nous trouvions; il était tout couvert de poussière et avait l'air consterné. — « Qui y a-t-il de nouveau? nous écriâmes-nous. — Trahison, infâme trahison, le président est empereur, l'armée de Paris s'est déclarée contre nous, on massacre nos frères : aux armes, il est temps encore ! » Une bombe tombée au milieu de nous n'eût pas produit une pareille consternation ; un silence profond régnait dans la salle, interrompu seulement par des blasphèmes et des imprécations. — « Et nos chefs ? demandai-je. — Probablement morts en combattant, » répondit-il d'une voix sourde. — Nous nous découvrîmes tous en disant : » Gloire aux héros ! »

Plus tard, nous apprîmes qu'ils n'avaient couru d'autre danger que celui de tomber dans la rue en se sauvant par les gouttières, devant un caporal et quatre hommes dans la rue Saint-Martin.

Un long roulement de tambour se fit entendre sur la place de la mairie. Nous nous précipitâmes aux fenêtre. Les villageois, toujours sur le qui-vive, se rassemblèrent rapidement. Le maire, un papier à la main, et accompagné de deux gendarmes, s'avança sur le perron. Quand l'auditoire lui parut assez nombreux, il lut à haute voix la dépêche. Louis-Napoléon était empereur, les rouges vaincus, leurs chefs en fuite, et le gouvernement réprimerait par la force toute tentative de désordre. Un colleur enleva la vieille affiche républicaine, et placarda la dépêche sur le poteau. — « Vive la république! crièrent deux ou trois voix. — Vive l'Empereur, vive la paix, vive l'ordre ! » répondit la foule en s'éparpillant joyeusement.

— « Oh ! ne vous réjouissez pas encore, tas d'imbéciles et de crétins, murmura Antoine, pâle de fureur. — A eux la soirée, lui dis-je, à nous la nuit. — A nous la nuit, » répondirent les autres conjurés, et chacun courut rassembler ses hommes. Le rendez-vous général était dans un bois voisin.

Vers deux heures du matin, j'entrais dans le village, le bonnet rouge en tête ; près de moi Antoine portait le drapeau : tout était calme, silencieux, et enveloppé de ténèbres. Seule, la première maison de Ronciéras était éclairée. Quelques bouts de chandelle brûlaient encore aux fenêtres. C'était le mazet de Georges, ce mazet où j'avais été si bien reçu, dans lequel Henriette m'avait été fiancée. — « Voilà un nid

d'aristos, me dit à voix basse l'instituteur.
— Ils ont voulu éclairer notre enterrement, tout à l'heure l'illumination sera plus brillante, répondis-je sur le même ton, c'est moi qui m'en charge. » Nous étions arrivés à la maison où dormaient les deux gendarmes : avant qu'ils eussent eu le temps de se mettre en défense, ils furent pris et bâillonnés, nous prîmes leurs armes et leurs munitions, et nous coupâmes les jarrets de leurs chevaux. Quelques coups de hache suffirent pour enfoncer la porte de l'église. Deux homme s'élancèrent au clocher pour sonner le tocsin ; d'autres coururent à la cure, espérant y trouver de l'argent et des papiers ; mais le curé, obligé de s'absenter pour trois jours, avait si bien caché registres et vases sacrés, qu'ils ne purent rien trouver. A la mairie nous ne trouvâmes pas d'argent non plus ; les meubles furent mis en pièces, amoncelés avec les papiers, et la maison incendiée. Ce fut notre premier acte de justice. A la lueur de l'incendie, au son lugubre de la cloche,

les villageois, éveillés en sursaut, s'élançaient hors de leurs demeures, croyant que le feu avait pris accidentellement quelque part ; mais quand ils virent des hommes armés courant par les rues, ce ne fut plus que cris et confusion. Les femmes échevelées appelaient leurs maris, entraînaient leurs enfants et fuyaient sans savoir où ; les hommes s'armaient de fourches, de haches et de leurs terribles faux. Des coups de fusil éclataient çà et là, une pluie d'étincelles s'échappait de la maison en feu, et les reflets rougeâtres de l'incendie éclairaient cette scène lugubre. Bientôt à l'autre extrémité du village, un hangar rempli de paille s'enflamma comme une torche, enveloppant d'un nuage de flammes et de fumée une maison blanche et coquette, la maison de Georges : j'avais tenu ma parole, je m'étais vengé. Debout au milieu du jardin, je regardais mon œuvre avec une joie féroce. Tout à coup la porte s'ouvrit et sur le seuil parut un homme accompagné d'une femme à demi nue, portant un enfant sur son sein. Il lança sur moi un regard terrible, rentra vivement et reparut un fusil à la main. Je me jetai de côté, mais j'avais à faire au plus habile tireur du pays ; une balle siffla à mes oreilles. J'épaulai ma carabine pour en riposter, un second éclair jaillit, mon arme échappa de mes mains, j'avais le visage, la poitrine, et les bras criblés de plomb ; le sang m'aveuglait, ma tête tournait, je tombai étourdi. Il aurait alors pu m'écraser comme un insecte venimeux, sans doute il me trouva assez puni ou bien pensa-t-il à Henriette. Au bout de quelques minutes, je me relevai, et, puisant de l'énergie dans le danger, je ramassai ma carabine et courus rejoindre mes camarades : ils étaient déjà hors du village et s'étaient jetés en désordre dans les bois d'oliviers pour éviter la poursuite des paysans exaspérés. Nous y bivaquâmes sans feu malgré une bise froide et pénétrante sous laquelle nous dûmes attendre le matin ; et dès qu'il commença à faire jour, nous nous éloignâmes en toute hâte ; ma blessure et notre échec m'avaient rendu furieux. Plusieurs déserteurs avaient profité de la nuit pour nous abandonner, ceux qui restaient étaient découragés et abattus. L'arrivée de plusieurs bandes rendit à nos hommes toute leur ardeur et porta leur nombre à cinq ou six cents. Sûrs que nous ne rencontrerions pas de troupes régulières, nous nous dirigeâmes en toute hâte vers le chef-lieu de canton ; toutes les portes se fermaient à notre approche : les gens aisés cachaient ce qu'ils avaient de plus précieux et fuyaient épouvantés. Une armée ennemie aurait causé moins de terreur. Quelques gendarmes seulement essayèrent de résister dans le bourg, mais la partie était trop inégale et c'est à peine s'ils purent échapper de leur caserne incendiée. Les habitants les sauvèrent, un seul surpris au moment où il escaladait un mur, fut impitoyablement massacré. Notre butin fut assez considérable, nous trouvâmes quelques milliers de francs dans la caisse, des armes et des munitions.

Quelques maisons particulières furent saccagées sans pitié, et les caves surtout. Nous brûlâmes les archives, les papiers, sans oublier le livre d'écrou de la prison dont nous forçâmes les portes pour rendre à la liberté quelques frères qui se hâtèrent de nous prêter leur concours pour notre œuvre de pillage et d'incendie. Antoine fut assez habile pour se faire confier la garde de l'argent qui devait être partagé après la victoire, et sut malgré les précautions se faire une bonne part. D'autres bandes agissaient dans les diverses parties du département. Ce n'était que désordre et confusion. Quelques lettres de Paris nous encourageaient ; suivant nos correspondants, la France entière était soulevée, et l'armée, battue et désorganisée, fuyait de toute part. Les républicains sont toujours braves quand ils croient n'avoir rien à craindre. Nous tînmes conseil, et il fut décidé que sans plus tarder nous marcherions sur Draguignan. Là nous trouverions de l'argent en abondance, des ressources de toute sorte, mais il était urgent d'arriver les premiers. Il y a peu à ramasser là où une bande rouge a déjà passé. Notre victoire avait ranimé toutes les espérances, les troupes plus faibles du voisinage et bon nombre de pillards isolés vinrent se joindre à nous et grossir notre armée, comme nous l'appelions. Un ancien sergent, dégradé pour son inconduite, et qui avait fait deux ans de bagne, fut élu général. Il me choisit pour son aide de camp, au grand déplaisir de l'instituteur qui prétendait avoir à ce grade plus de droits que moi. Depuis trois jours à peine, nous agissions pour la régénération du pays, et déjà nous nous détestions : si nous eussions réussi, la guerre aurait bien vite recommencé entre nous, nous n'en eûmes pas le temps. Quatre jours après notre prise d'armes, nous n'étions plus qu'à quelques lieues de Draguignan, toujours vainqueurs parce que nous n'avions pas rencontré d'ennemis : nous nous croyions invincibles. Au nombre d'environ deux cents, nous marchions fièrement drapeau flottant et hurlant la *Marseillaise* avec l'enthousiasme d'hommes sûrs d'emporter la ville et de régler les destinées de notre pays. Pauvre France ! si elle fût tombée entre nos mains ! Une chaîne de montagnes boisées nous séparait encore de notre but : un étroit défilé conduit à la plaine ; bien sûrs que personne n'oserait nous en défendre le passage, nous nous y engageâmes avec une imprudence qui faisait peu d'honneur aux talents stratégiques de notre général. Un bois épais couvrait la colline des deux côtés et dominait le chemin creux qui par une pente rapide descendait vers les prairies. En arrivant au bout, nous découvrîmes devant nous à l'horizon la ville objet de notre convoitise, mais entre elle et nous à quelques centaines de pas un escadron de chasseurs envoyés contre nous. Cette vue nous surprit désagréablement ; nous n'avions rien à craindre de la cavalerie tant que nous resterions dans la montagne, puis ils n'étaient pas plus d'une centaine d'hommes. Nous fîmes halte au pied de la montagne pour déployer nos forces. Ils ne bougèrent pas. Nous ne savions plus quel parti prendre : avancer n'était pas sûr, reculer c'était s'avouer vaincus. Un lieutenant des chasseurs, voyant notre indécision, arriva sur nous au galop. — « Quel est le chef de cette troupe, cria-t-il quand il fut à vingt mètres. Le sergent Cœur d'acier, notre général, s'avança seul hors des rangs. — C'est vous qui commandez ici ? demanda l'officier. — Oui, citoyen. — Ordonnez à vos hommes de mettre bas les armes et de se rendre. — Pour être fusillés ? — Vous aurez la vie sauve. — Qui en répond ? — Le chef d'escadron. — Et si nous refusons ? — Nous allons charger. — Que le chef d'escadron vienne avec trois officiers, nous nous rendrons, mais nous voulons des garanties. »

Nous entendions cette conversation ; la lâcheté de Cœur d'acier nous indigna. — « A mort le traître, crièrent quelques voix. — A mort ! à mort ! » répéta la foule. Cœur d'acier imposa silence. — « Imbéciles, qui ne comprenez pas que c'est une ruse de guerre. Les chefs vont arriver, je me charge du premier. Que quelques bons républicains se cachent derrière les buissons, quatre pour chaque officier. A mon coup de feu tous les quatre rouleront dans la poussière ! L'escadron sera bien obligé de se rendre ensuite, ou nous en viendrons facilement à bout. » Un long murmure d'approbation parcourut les rangs. Douze tireurs, le fusil armé, s'avancèrent en rempant vers les buissons. Tout dépravé que j'étais, cette proposition me fit horreur. — « C'est un assassinat honteux ! m'écriai-je. —Pas de bruit, cher ami, me répondit Cœur d'acier, ou je te casse la tête comme à un chien. — Quand l'assassinat est profitable à un parti, c'est un devoir, ajouta l'instituteur en me regardant avec mépris. — Nous ne voulons plus d'un jésuite pour chef, » s'écria un ancien forçat qui briguait ma place, et les demoiselles au couvent. On commençait à murmurer autour de moi, l'orage allait éclater. L'arrivée du chef d'escadron détourna l'attention. Peu confiant dans notre loyauté, il était venu seul, dédaignant le danger pour lui, mais ne voulant pas y exposer les autres. — « Bas les armes, cria-t-il, et rendez-vous. » Pour toute réponse, Cœur d'acier abaissa le canon de son fusil; douze coups de feu partirent à la fois : cheval et cavalier roulèrent foudroyés. — « Vive la république, » hurla notre chef, et la fusillade éclata. L'escadron semblait indécis, nous nous élançâmes en avant ; tout à coup les rangs s'ouvrirent et démasquèrent deux pièces d'artillerie légère dont la première vomit sur notre colonne une pluie de fer. Plus de vingt républicains tombèrent mortellement blessés. — « A la montagne et sauve qui peut, » crièrent plusieurs voix. Cœur d'acier fuyait comme les autres, une balle l'atteignit à la tête, il roula sur le cadavre de sa victime. Nous nous élançâmes vers le défilé, mais là nous rencontrâmes les chasseurs de Vincennes qui, embusqués dans le bois, s'élançaient de tous côtés dans le chemin creux. Alors, ce fut une débandade générale. Ceux qui voulaient fuir dans la plaine étaient sabrés par la cavalerie exaspérée, ceux qui tentaient de regagner la montagne rencontraient devant eux le terrible sabre baïonnette. L'armée sur laquelle nous avions tant compté nous attaquait avec furie. Quelques centaines de fuyards parvinrent seuls à s'échapper dans les bois ; pour ma part je reçus en fuyant un coup de baïonnette dans la cuisse. D'abord je ne le sentis que peu et continuai à courir, mais la perte du sang m'affaiblit bientôt ; il me semblait qu'un nuage descendait sur mes yeux, la respiration me manquait. Je me blottis sous un buisson épais et j'attendis. Le bruit de la fusillade avait cessé, j'écoutai, je n'entendis plus rien que le bruit du vent dans les arbres ; un moment après, deux hommes passèrent en courant, puis tout rentra dans le calme. Je déchirai ma chemise pour panser ma plaie, elle était plus profonde que je ne pensais : j'avais une soif ardente et je tremblais de froid. Quand la nuit fut arrivée, j'essayai de me traîner plus loin, ma jambe était presque paralysée et je souffrais horriblement. Après trois heures de fatigues inouïes, je fus obligé de m'asseoir de nouveau. J'aurais voulu être mort et je pleurais comme un enfant. Cette nuit me parut plus longue qu'un siècle. Enfin, le soleil rougit l'horizon, et ce fut avec terreur que je m'aperçus que pendant l'obscurité je m'étais rapproché de la route au lieu de m'en éloigner. L'endroit où je me trouvais n'offrait aucun abri où je pusse me cacher, c'était un champ nouvellement labouré et détrempé par la pluie ; je réunis toutes mes forces et me levai pour rentrer dans le bois : l'entreprise était au-dessus de mes forces, je ne pus que ramper jusqu'au fossé au fond duquel je me blottis, espérant échapper aux regards des passants. A peine y étais-je qu'une bande de paysans sortit du bois et vint couper la route tout auprès de l'endroit où je me trouvais : je ne comprends pas comment ils ne me virent pas. Je les entendis se réjouir de notre défaite, ils parlaient d'une seconde bande qui avait été dispersée et dont ils poursuivaient les débris. Nous étions battus de tous côtés. Ils avaient à peine disparu, que deux fermiers conduisant une voiture passèrent devant moi : je me croyais encore sauvé cette fois, mais un gros chien qui les accompagnait me découvrit et se mit à aboyer avec fureur.— « Ici, Turc, » dit son maître. Turc, au lieu d'obéir, continuait à hurler avec fureur. Un des fermiers revint sur ses pas et me vit dans le fossé. — « Eh ! cria-t-il à son camarade, c'est un beau gibier de prison que ton chien arrête, un de ces gueux qui incendient les maisons. — Allons, l'ami en route et suis-nous, tes pareils t'attendent, et le gouvernement se chargera de ton logement. » Je ne répondis rien, j'étais tellement épuisé qu'ils m'auraient tué sans que j'essayasse de résister. Voyant que je ne pouvais me

7.

lever, ils m'enlevèrent comme un cadavre, me déposèrent sur leur charrette et continuèrent leur route en parlant avec animation des événements de la veille. En chemin, nous rencontrâmes une compagnie de soldats qui conduisaient des prisonniers, d'autres allaient dans les villages opérer des arrestations. Vers midi nous arrivâmes dans un petit bourg occupé par les chasseurs. C'était tout près de l'endroit où la bataille avait eu lieu le jour précédent. Les fermiers me remirent aux mains du commandant, qui me fit transporter dans une grange délabrée, espèce de prison provisoire où se trouvaient déjà une trentaine de prisonniers. J'avais la fièvre, les soldats eurent pitié de moi et m'étendirent sur la paille. J'espérais mourir. Dieu ne le permit pas, un chirurgien lava ma blessure et la pansa. Cela me fit du bien, et telle était ma fatigue que je m'endormis. Je venais de me réveiller lorsque le capitaine entra pour faire l'inspection. Le son de sa voix me causa une émotion extraordinaire. Je le regardai. C'était lui, André, mon ami, mon frère, celui qui s'était engagé aux chasseurs d'Afrique. Il était capitaine, la croix d'honneur brillait sur sa poitrine. Et moi! ô mon Dieu! je me cachai le visage avec mes mains. — « Qu'on donne une capote à cet homme pour la nuit, nous sommes des soldats et pas des bourreaux; » et il continua, sans se douter qu'il connaissait ce misérable couvert de sang et de boue étendu à ses pieds. Le lendemain on nous fit partir pour Draguignan. Les uns à pied, attachés deux à deux, les autres entassés sur des chariots; un escadron de hussards nous accompagnait carabine chargée et sabre au poing. Après plusieurs heures, le commandant fit faire halte. Nous étions arrivés. Un sombre édifice aux fenêtres garnies de grilles de fer s'élevait devant nous. Des gendarmes contenaient avec peine la foule irritée qui se pressait autour du convoi ; les clefs grincèrent dans les serrures, les lourdes portes roulèrent sur leurs gonds, puis se refermèrent derrière nous avec un bruit lugubre ; le jour de l'expiation était arrivé.

Lorsque j'entendis se fermer les portes de la prison, quand je me vis dans cette cour froide et retentissante d'imprécations, de pleurs et de bruits de fer, une douleur immense s'empara de moi. Ma conscience, le plus terrible des bourreaux pour le criminel, faisait passer devant mes yeux la brillante image de mon passé. Le bandeau qui, pendant quatre années, m'avait aveuglé tomba tout à coup. Je voyais le bonheur perdu et il n'était plus en mon pouvoir de le ressaisir. Mes crimes se dressaient devant moi dans toute leur horreur. Mes complices consternés gardaient un morne silence. Au dehors on entendait les cris de la foule irritée. Je pensais à ma femme, à mes enfants. Oh! alors je maudis mon orgueil insensé. Alors, comme Adam chassé du paradis terrestre, je compris ce que j'avais perdu, et penchant ma tête sur ma poitrine je sentis mon cœur se briser.

Plusieurs d'entre nous étaient blessés, on nous transféra à l'hôpital de la prison ; j'avais une fièvre ardente, et dans mon délire j'appelais Henriette, Joseph, Henri. Il me semblait que l'on m'arrachait de leurs bras, je ne voulais pas les quitter, mais Antoine m'entraînait avec un rire sinistre, puis il passait devant mes yeux des lueurs d'incendie ; la figure du chef d'escadron, sombre et terrible, se penchait sur moi et me criait d'une voix menaçante : Voleur, assassin. En recouvrant ma raison, je vis près de moi une femme qui me veillait. Je ne l'avais vue nulle part, mais tous les pauvres, tous les affligés, tous les malheureux la connaissent ; cette femme n'avait point de nom, elle s'appelait sœur de la charité, elle appartenait à cette sainte phalange que nous avions voulu détruire comme nuisible à la société. C'était un de ces anges que le monde admire, que le ciel attend, que leur amour de Dieu enlèverait à la terre si leur amour pour leurs frères ne les y retenait fortement. Elle priait près de moi, son âme semblait s'exhaler de ses lèvres pendant que les grains de son rosaire glissaient entre ses doigts. Je poussai un profond soupir, elle tourna la tête, arrêta sur moi son doux regard. — « Comment êtes-vous à présent, mon frère ? — Moi votre frère ! oh ! vous ne savez pas qui je suis et ce que j'ai fait. — Je suis sœur de tous les malheureux, me répondit-elle, et nous sommes tous fils d'un même père. — Que vous êtes heureuse de pouvoir prier ! — Voulez-vous que nous priions ensemble ? — Je ne sais plus que maudire. — Unissez-vous à moi, je vais réciter une prière bien courte qu'il vous sera facile de retenir. » Je fis signe que je voulais bien. Alors de sa douce voix elle dit le *Pater* et la *Salutation angélique* que je répétais après elle, et la prière de l'incendiaire, soutenue par celle de la fille de Saint-Vincent de Paul, put monter jusqu'au trône de Dieu. Trois jours après, je pus quitter l'hôpital et je fus soumis au régime ordinaire de la prison.

Le nombre des captifs s'était considérablement accru. Il ne se passait pas de jour que la gendarmerie n'en amenât quelques-uns. Le parti rouge était vaincu sans espoir, et ceux des insurgés qui avaient échappé aux premières recherches ne tardèrent pas à être pris. J'en vis amener plusieurs que j'avais connus, parmi eux était François, le vigneron des Lourdes, un brave jeune homme, notre voisin, que j'avais endoctriné. Comme moi il était père de famille et laissait sa femme malade avec cinq petits enfants sur les bras. En me voyant il entra en fureur et m'accabla de reproches, je n'avais rien à répondre et je courbai la tête sans essayer de me disculper. C'était un remords de plus qui venait se joindre à ceux qui me tourmentaient déjà. Le lendemain Antoine arriva, jamais je n'ai vu fureur égale à la sienne. Au moment de franchir la frontière avec la caisse qu'il avait volée, il fut arrêté sur la dénonciation d'un frère avec lequel il avait refusé de partager. Il était trop corrompu pour se repentir, et vomissait contre celui qui l'avait livré un torrent de blasphèmes. Il m'apprit que plusieurs républicains purs s'étaient, après notre défaite, tournés contre leurs complices et avaient mis la police sur la trace des principaux meneurs. Chaque jour nous étions interrogés par le juge d'instruction chargé de préparer l'accusation. Dans tout cela ma plus grande, ma seule préoccupation était ma femme et mes enfants; qu'étaient ils devenus? Depuis la fatale nuit de l'incendie de Ronciéras ils ne savaient pas ce que j'étais devenu et n'osaient probablement faire aucune démarche de peur de donner l'éveil à la gendarmerie. On laissa le plus grand nombre des prisonniers réunis. Les chefs seuls furent mis au secret. Antoine fut conduit dans un cachot séparé, mon tour vint bientôt. Je n'eus plus même la triste consolation de me promener une heure par jour dans le préau avec les autres accusés. J'avais dans ma folie désiré être regardé comme un des principaux démagogues. Je fus traité en conséquence. Là, dans la solitude et l'inaction, je pus méditer à mon aise sur ma folie et mon malheur. Ce tête-à-tête avec ma conscience, que rien ne venait interrompre, était une affreuse punition qu'augmentait encore l'inquiétude qui me dévorait. Déjà, pendant les premiers jours de ma captivité, j'avais vu de jeunes femmes, leurs petits enfants sur le bras, venir à la prison chercher un mari, heureuses encore quand elles le trouvaient après avoir tremblé qu'il ne fût mort de misère et de faim dans les bois, ainsi que cela était arrivé pour plusieurs. Pauvre Henriette! quelles mortelles angoisses je lui faisais éprouver! Cette torture était au-dessus de mes forces, je fis prier l'inspecteur de la prison de venir me voir. Il se rendit à ma demande et descendit dans mon cachot quelques heures après. Je me jetai à ses pieds, le suppliant de me permettre d'écrire à ma femme pour la rassurer. Lui-même est père de famille, il comprit ce que je devais souffrir et m'envoya du papier et un crayon. Jamais faveur ne fut reçue avec une pareille reconnaissance, et je n'ai point oublié l'homme généreux qui me sauva du désespoir. Si jamais ces lignes tombent sous ses yeux, il verra qu'il n'a point obligé un ingrat. A la lueur de l'étroite lucarne qui me donnait à peine un peu de jour, j'écrivis la lettre suivante :

Prison de Draguignan, 11 décembre 52...

Chère Henriette, je t'écris du fond du cachot où m'ont jeté mon orgueil et mon ambition. Si le malheur qui me frappe n'atteignait que moi seul, je pourrais me résigner. Chère femme, pourquoi n'ai-je pas suivi tes conseils? qu'au moins mon exemple soit une leçon pour nos enfants. Apprends-leur à me plaindre et à ne pas me maudire. Pardon, chers enfants, pardon, bonne Henriette. Va demeurer avec Georges et tâche d'oublier un criminel indigne même de ton souvenir. Adieu, adieu, oublie-moi, mais pardonne auparavant.

PIERRE.

Monsieur B*** revint quelques heures après, je lui donnai ma lettre qu'il lut avec attention. — « Pauvre ami, me dit-il quand il eut fini, pourquoi n'avez-vous pas toujours eu les mêmes sentiments ? Vous ne seriez pas ici et je n'aurais pas à vous rendre ce triste service. » Je ne répondis rien j'étais trop accablé. — « Avez-vous autre chose à me demander ? ajouta-t-il. — Je voudrais, lui dis-je, quelques livres de piété et la permission d'écrire. — Je ne puis vous autoriser à communiquer avec personne jusqu'à la fin de l'instruction, mais vous pouvez lire et écrire pour vous-même. » Je le remerciai de ses bontés ; il sortit, et bientôt après m'envoya du papier blanc et une Imitation. D'abord j'eus assez de peine à lire, mais peu à peu je m'habituai à l'obscurité. Alors l'idée me vint d'écrire mon journal, mes pensées, mes impressions et des extraits des livres vraiment instructifs que me prêtait l'aumônier de la prison, un bon jeune homme, qui, en sept ans passés à visiter les cachots, en avait appris plus long dans la connaissance du cœur humain, que des vieillards dans toute leur vie en étudiant les livres des philosophes; quelquefois il venait s'asseoir près de moi sur la paille humide de ma prison, me consolait, m'instruisait, m'apprenait le pardon des injures et la résignation. En l'écoutant, je sentais mon cœur se rajeunir, je versais des larmes, mais non plus des larmes de rage comme dans les premiers jours : la main de Dieu m'avait dompté. Ces visites, qui parfois se prolongeaient plus d'une heure, me paraissaient bien courtes ; mais il y avait dans la prison tant de malheureux à consoler, d'ignorants à instruire, d'esprits égarés à ramener, que je ne pouvais pas me plaindre. Tant que le jour pénétrait dans mon cachot, je lisais et j'écrivais, puis, quand il faisait sombre, je m'entretenais avec moi-même : ces heures étaient bien tristes. Je pensais à ma famille qui ne me reverrait plus, au sort qui m'attendait ; je me disais que j'avais mérité l'échafaud, je voyais mes enfants déshonorés et dans la misère : alors la vie m'était à charge et mon cœur se brisait. Pendant plus d'une semaine, je ne reçus d'autre visite que celle du geôlier chargé de m'apporter ma ration et du juge d'instruction qui venait m'interroger ; je lui rendis sa tâche facile, j'avouai tout sans rien excuser. On me confronta avec Antoine et avec l'ex-instituteur, ils se renfermaient l'un et l'autre dans un système absolu de dénégation et me chargèrent autant que possible pour se disculper. J'étais exaspéré de leur mauvaise foi : tous ces frères et amis se seraient réjouis de ma mort, si elle eût pu leur épargner un seul jour de prison.

L'instruction se termina le 25 décembre à dix heures du soir. Le 26, après une nuit sans sommeil et une longue matinée d'obscurité, car la pluie tombait au dehors, je lisais un chapitre de l'Imitation, du livre des affligés. La porte de mon cachot s'ouvrit, une femme se précipita en pleurant dans mes bras et me tint longtemps embrassé sans pouvoir parler. C'était elle, ma douce, ma bonne Henriette ; depuis six jours elle était à Draguignan, implorant la permission de me voir. Quel changement dans tous ses traits ! ce n'était plus la même personne. Elle m'assura pourtant qu'elle se portait bien ; je vis trop qu'elle ne disait cela que pour ne pas ajouter à mon chagrin, et il aurait fallu que je fusse bien aveugle pour conserver quelque illusion. Je lui demandai pardon, elle ne me répondit que par des sanglots. — « Comment vont nos chers enfants ? lui demandai-je. — Ils sont ici et tu les verras demain. — Oh! non! m'écriai-je épouvanté, ne les amène pas. — Pauvres petits, ils seraient si désolés, ils désirent tant voir leur père ! je t'en prie, laisse-moi les conduire ici. » Je me cachai le visage dans les mains ; ils me verront demain, pensai-je, ils trouveront leur père dans un cachot et ils rougiront de moi. — « Ce sera pour eux un bonheur, ils le désirent si vivement, » continua-t-elle comme si elle devinait ma pensée. Le geôlier s'était retiré, il n'avait pas le temps d'attendre : pour s'éviter la surveillance il enferma Henriette dans ma prison. Elle s'assit près de moi sur la paille qui me servait de lit, et là ses mains dans les miennes, souriant à travers ses larmes, elle me conta ses inquiétudes. On lui avait dit que, dans la terrible nuit, j'avais reçu une balle dans la poitrine ; elle m'avait pleuré comme mort. Pourquoi Dieu n'a-t-il pas permis que je le fusse réellement ! Ce n'est que plus tard qu'elle a appris que j'étais arrêté. Je vis qu'elle ignorait mes crimes, mais elle me croyait compromis légèrement. Georges ne lui avait évidemment rien dit de l'incendie. — « Tu sais, me dit-elle, que des scélérats ont essayé de brûler la maison de mon frère, heureusement il n'y a eu que le hangar de perdu. — Merci, mon Dieu ! » m'écriai-je. Elle me serra la main pour me remercier de l'intérêt que je portais à sa famille et continua à causer. Je lui demandai ce qu'elle comptait faire? — « Rester auprès de toi. — Mais de quoi vivras-tu? — Je travaillerai, j'y suis accoutumée. — Et puis? — Et puis, nous retournerons à la campagne quand tu seras libre, et nous reprendrons notre vie d'autrefois. » Notre vie d'autrefois, cette parole me fit mal; notre vie d'autrefois quand le bagne me réclamait, l'échafaud peut-être ! Au moment de me quitter, elle tira de son sein une petite médaille, qu'elle portait depuis le jour de sa première communion. — « Veux-tu me faire un grand plaisir? me dit-elle en me la présentant, c'est l'image de la protectrice des affligés : nous avons bien besoin qu'elle soit avec nous. Je mis la médaille à mon cou, je la sens sur ma poitrine, elle y restera tant que mon cœur battra.

Chaque jour j'écrivais mon journal ; la page que je viens de lire est toute trempée de mes larmes, je la copie sans y rien ajouter :

Prison, 27 décembre.

Ils viennent de me quitter. Chers et malheureux enfants ! que vos larmes m'ont fait de mal, mais que votre amour est doux pour moi ! Ils m'ont vu ici, je leur avais donné le mauvais exemple, ils ont été témoins de mon châtiment : puissent-ils ne pas l'oublier ! Lorsque plus tard des faux amis voudront les entraîner au mal, qu'ils se souviennent de leur père enfermé dans un cachot obscur, des pleurs de leur mère, du bruit lugubre des clefs, des portes se fermant derrière eux. C'était la première fois qu'ils pénétraient dans une prison. La frayeur était peinte sur leur visage, l'air lourd de ma cellule semblait les étouffer. La petite Marie poussait des cris ; quand j'ai voulu l'embrasser, elle s'est cachée dans le sein de sa mère ; j'ai essayé de la rassurer, mais elle regardait d'un air effaré sans vouloir quitter son refuge. De sa petite main elle me tirait par ma blouse en répétant : Allons nous-en, père, allons-nous-en bien vite, avant que le vilain homme ferme la porte. Henri et Joseph avaient moins peur, mais leur cœur battait bien fort. Joseph s'est précipité à mon cou en répétant : Mon père, mon père ; il n'a pu rien dire de plus. Ma femme sanglotait, Henri pleurait aussi, et semblait comprendre mon malheur.

1er janvier 1853.

Voici une nouvelle année qui commence. Quel sera notre sort à tous? On parle de nous transporter au delà des mers dans des îles sauvages : j'aime mieux cela que d'aller passer la fin de mes jours dans un bagne à traîner le boulet. Le châtiment sera moins humiliant, du moins je ne risquerai pas d'être reconnu à chaque instant par des gens qui autrefois étaient mes amis, et qui s'écarteraient de moi avec horreur. Henriette croit toujours que je serai acquitté, elle a fait dire ce matin une messe pour le bonheur de la famille. Après la messe elle m'a amené mes enfants pour me souhaiter une bonne année. Hélas! pour moi le temps du bonheur est passé, pour eux aussi, et par ma faute. Elle m'a apporté une corbeille de linge. Le mien était en lambeaux. — « Vois donc, m'a-t-elle dit, ce que Joseph et Henri ont mis là pour toi, c'était un paquet de tabac et une pipe ; ils l'ont acheté de leur argent, ces bons petits et pour pouvoir te faire ce cadeau ils ont vendu leur beau lapin qu'ils aimaient tant. — Et toi, mère, tu as bien vendu ta croix pour payer le linge. » Je les ai serrés tous les trois sur ma poitrine. — « Ainsi il ne vous reste plus rien du temps où nous étions heureux ? — « Oh! si, s'est écriée Henriette, j'ai gardé le souvenir le plus précieux pour moi, » et elle m'a montré sa bague de fiancée. Oh! mon Dieu, si ma prière monte jusqu'à vous, récompensez-les de tant d'amour!

Quelques jours après, Henriette vint me voir, elle paraissait tout heureuse. — «Bonne nouvelle, s'écria-t-elle, je pourrai rester tout le temps du procès à Draguignan, j'ai trouvé de l'ouvrage, et le directeur de la prison m'a promis une bonne chambre pour toi. — Qui t'a donné du travail, chère amie?— La providence des malheureux. — Je ne suis pas plus avancé.—Comment ! tu ne devines pas? — Non, vraiment.— Eh bien! alors je vais te le dire, les religieuses Carmélites. » J'avais si souvent déclamé contre les religieuses en général, et surtout contre les religieuses cloîtrées, que je ne pus retenir un mouvement d'humeur.— « Il me semble que ces Carmélites pourraient bien travailler un peu au lieu de faire faire leur ouvrage par des personnes plus occupées qu'elles. — Encore injuste! me répondit Henriette en me frappant doucement sur l'épaule. Sais-tu que tu les calomnies, ce sont de saintes filles.—Saintes, je ne dis pas, mais utiles à qui?—A qui?

mais à nous d'abord, puisque sans elles je n'aurais pas pu rester près de toi. Puis à tous les autres. — Bien, alors mettons : très-saintes, très-utiles et surtout très-paresseuses. — Dieu du ciel, paresseuses! Veux-tu que je te conte ce que j'ai vu? — Conte, si ça te fait plaisir. — Eh bien! tu sauras que derrière ces hautes murailles, ces saintes filles, parmi lesquelles il y en a de très-riches qui auraient pu dormir chez elles la grasse matinée et passer le reste du jour à faire et à recevoir des visites, ne se donnent pas un moment de repos. On croit généralement, et moi-même j'en étais persuadée, qu'elles ne s'occupent qu'à préparer des confitures et à les manger, à babiller et à se promener. Je les ai vues de près et mes idées ont bien changé. Été comme hiver, vêtues de laine et les pieds nus, elles dorment sur les planches, comme des soldats au corps de garde, se lèvent au milieu de la nuit pour prier, ne mangent jamais de viande, font pénitence pour ceux qui oublient que la vie n'est pas faite seulement pour se réjouir. Crois-tu que ce soit là une vie bien douce ? — Douce, je ne dis pas, mais le travail ? — Attends, attends, je n'ai pas encore fini ; après la prière, le travail. Les unes font la cuisine, lavent le linge, préparent des remèdes, cultivent le jardin, effilent de la charpie pour les blessés; les autres brodent des ouvrages pour les loteries en faveur des indigents, cousent, taillent, apprennent aux petites filles à lire, à écrire, à aimer Dieu, et à honorer leurs parents. Chacune a sa tâche marquée et la fait en conscience. Quand j'ai visité leur couvent, je me suis rappelé nos jolies ruches d'autrefois. Les sœurs qui ne sont pas cloîtrées partent chaque matin pour rapporter à la communauté étoffes, fil, laine. tout ce qui est nécessaire. Les sœurs cloîtrées se partagent la besogne. Mais dans les ruches, les abeilles ne travaillent que pour elles. Dans les couvents, les religieuses travaillent pour les autres : voilà la différence. Puis, comme disait notre curé, les clochers de ces chapelles où de saintes filles prient nuit et jour sont comme des paratonnerres qui arrêtent la colère de Dieu, lorsqu'il veut frapper les crimes de ceux qui l'oublient. » Je laissai aller Henriette jusqu'au bout.—« Tu as toujours raison et moi toujours tort, » lui dis-je. Elle me remercia par un sourire, et me raconta avec quelle bonté la mère l'avait reçue et consolée. Toutes mes idées étaient renversées. Moi, qui avais cru et répété dans de beaux discours si applaudis à notre club, que les couvents de femmes ne sont que des nids à paresseuses, qu'il est urgent de les abolir, il se trouve qu'au contraire ce sont des greniers d'abondance où chacun va chercher sa part en temps de disette, des ateliers de confection pour les pauvres, des maisons d'éducation gratuite pour leurs enfants, de vrais phalanstères où chacun travaille, non pas d'après ses idées, mais d'après ses talents ; des républiques modèles, dont la seule loi est l'amour de Dieu et du prochain. Si les philanthropes rêveurs et les prédicateurs de communisme n'étaient pas si ignorants et si opiniâtres, ils verraient que ce qu'ils cherchent est trouvé depuis longtemps. Ils peuvent bien détruire les couvents, mais ils ne les remplaceront jamais.

Un dimanche, j'avais témoigné le désir d'entendre la messe ; vers 8 heures un des geôliers vient me prendre, et me conduisit à la place réservée aux prisonniers. L'aumônier nous adressa un petit discours bien en rapport avec son auditoire et le lieu où nous nous trouvions. Il compara la prison à la terre, qui aussi est un lieu d'exil, où nous traînons la chaîne de nos péchés. C'est un lieu d'expiation, nous dit-il, où nous ne devons songer qu'à nous purifier de nos fautes, pour pouvoir rentrer dans la vraie patrie, où nous attend le bonheur. Il était ému, et sa voix pleine de larmes nous allait au cœur. Rien ne dispose mieux à la religion que le malheur : plusieurs prisonniers pleuraient. Antoine et l'instituteur avaient refusé d'assister à l'office, mais j'y vis plusieurs de mes complices ; ils paraissaient pour la plupart se repentir sincèrement, et priaient avec ferveur. Au moment où je franchissais la porte de la chapelle, une main se posa sur mon épaule. — « Bientôt le grand jour, me dit François le vigneron, Dieu nous soit en aide. » Je ne pus en entendre davantage. — « Par ici, me dit le porte-clefs, au moment où je voulais tourner un petit escalier qui conduisait à mon cachot, et il me fit suivre un long corridor, au bout duquel il tira les verrous d'une porte garnie de fer. — Vous vous trompez, ce n'est pas ici. — Je ne me trompe pas, répondit-il, vous êtes changé, et il ouvrit la cellule. » Il faut avoir été, pendant plusieurs semaines, privé d'air et de lumière, pour comprendre le bonheur que j'éprouvai en prenant possession de mon nouveau logement. Un clair rayon de soleil éclairait les murs, je trouvai là une chaise de paille, une table de bois blanc et un lit. Ce mobilier me parut somptueux ; sur ma table mon journal était ouvert à la dernière page, un panier recouvert d'une serviette posé dans un coin. Le geôlier, debout sur le seuil de la porte entr'ouverte, semblait jouir de ma surprise et de mon bonheur. — « A qui dois-je cette jolie chambre? lui demandai-je. — Dame, répondit-il, j'ai promis de ne pas vous le dire, mais voici qui pourra vous l'expliquer ; et s'écartant il ouvrit brusquement la porte toute grande. Henriette et les enfants se jetèrent dans mes bras. — « Je l'avais deviné, m'écriai-je, en les embrassant avec transport. — Nous avions voulu te ménager une surprise, l'aumônier était du complot, et le directeur s'est montré bien bon. C'est lui qui a choisi cette chambre, il nous a assuré que d'ici on peut voir la campagne. » Henri prit la chaise, l'approcha de la fenêtre, et s'appuyant sur les barreaux, grimpa jusqu'à la grille. — « C'est vrai, c'est vrai, je vois les champs, et là-bas une grande montagne qui a la forme d'une couronne. » Pendant ce temps, Joseph avait débarrassé le panier de son enveloppe et déposé le déjeuner sur la table. Henriette, les manches relevées, rangeait verres et assiettes, malgré l'aide de la petite Marie qui, voulant absolument aider sa mère, ne faisait que tout déranger. Un moment nous oubliâmes la prison : le soleil était si clair, le ciel si bleu ! les moineaux s'ébattaient au bord du toit, comme s'ils eussent aussi célébré une fête ; les enfants babillaient, Henriette était presque gaie : pendant deux heures je fus heureux.

Quand ils m'eurent quitté, que le soleil en s'élevant eut cessé de pénétrer dans ma petite cellule, je sentis peu à peu le chagrin descendre et s'épaissir comme une ombre le soir. J'approchai la chaise de la fenêtre, et j'y regardai la campagne. Nous étions en mars, les arbres commençaient à étaler leurs feuilles, les blés couvraient les champs d'un vert tapis. Au delà commençait une chaîne de montagnes bleuâtres que dominait, comme un géant, une montagne en forme de couronne, dont les pointes blanches de neige étincelaient sous le soleil. C'était la montagne de l'Abeille. Au bas du versant opposé commençait la plaine du Var, toute semée de villages et de blanches maisons. De ce sommet que j'avais gravi tant de fois, on pouvait compter dans les prairies les troupeaux de la ferme des Aulnaies, voir fumer le toit de notre mazet, entendre la cloche de Ronciéras. Quel bonheur si j'étais libre de me promener, avec ma jeune famille, sur le bord du grand lac ou dans le plant des oliviers! Je leur montrerais la garance soulevant doucement la terre pour s'épanouir au soleil, les violettes embaumées cachées sous les buissons. Hélas! tout cela n'est plus à moi. Je restai longtemps le front appuyé contre la grille de fer, regardant et pensant; mon corps seul était captif, mon âme avait franchi les années et l'espace, je rêvais de ma jeunesse. Le bruit sourd de la crosse d'un fusil résonnant sur le pavé, m'éveilla comme en sursaut. En même temps une voix rude me cria de me retirer de la fenêtre. J'obéis. L'intérieur de ma chambre, qui m'avait tant charmé le matin, me parut plus sombre que mon ancien cachot. Je n'étais qu'à deux pas du bonheur, et ces deux pas, il n'était plus en mon pouvoir de les faire.

Une semaine s'était écoulée depuis que j'habitais ma nouvelle cellule. Henriette venait me voir tous les deux jours, elle apportait son ouvrage, et notre temps s'écoulait dans de douces causeries. Quelquefois je lui lisais les livres que me prêtait l'aumônier. Les jours où j'étais seul, je lisais et j'écrivais mon journal, ou bien je regardais cette montagne de l'Abeille posée comme une barrière entre ma vie d'autrefois et celle qui m'était réservée. Ce qu'Henriette m'avait dit des religieuses avait excité ma curiosité. J'étudiais dans des ouvrages sérieux l'histoire véritable de ces prêtres et de ces moines, que certaines gens aiment tant à calomnier. J'y apprenais les grands, les immenses services que les corporations religieuses ont rendus aux lettres, aux arts, aux sciences, à l'agriculture, et je m'indignais de l'ignorance ou de l'insigne mauvaise foi des hommes, qui, dans un but honteux d'ambition personnelle, trompent le peuple, et l'entraînent par leurs mensonges dans la voie du mal. L'aumônier, toujours aussi bon, me donnait les explications que je lui demandais, et avait l'extrême complaisance de corriger les résumés que j'écrivais, plus encore pour l'instruction de mes enfants que pour ma propre distraction. Entre les visites de ma femme, l'étude et les conversations, le temps marchait à grands pas. Nous étions arrivés en avril, le mois des fleurs et des travaux des champs. Le visage collé à ma grille, j'aspirais à pleins poumons l'air pur qui m'arrivait tout imprégné du parfum du lilas et de cette odeur de terre humide que nous aimons tant à la campagne ; parfois une hirondelle rasait ma fenêtre, et me jetait au passage son cri joyeux comme pour m'annoncer le printemps, puis elle décrivait de grands cercles dans le ciel bleu, et disparaissait pour revenir bientôt après, toujours vive et joyeuse. Quel bonheur que la liberté! me disais-je en suivant ses capricieux zigzags, pourquoi faut-il l'avoir perdue pour l'apprécier à sa juste valeur ? Parfois aussi un chant de garanciers partant pour leurs travaux, montait à ma chambre. La pioche au fer brillant posée sur l'épaule, les reins serrés dans leurs ceintures rouges, leur pain sous le bras, et quelques gousses d'ail dans la poche, ils allaient aux champs contents de leur sort, sans regret de la veille, sans souci du lendemain, et passaient, sans penser à nous, au pied de la prison. Il me semblait qu'hirondelles et ouvriers m'appelaient, mais hommes et oiseaux s'éloignaient, et je n'entendais que le pas lent et régulier de la sentinelle, que le tintement des clefs du geôlier.

Je commençais à me faire à la vie de la prison, la confiance d'Henriette me gagnait peu à peu, et j'oubliais que mon châtiment n'avait pas encore commencé. Le réveil fût terrible. Le 6 avril, au moment où l'horloge de la prison sonna dix heures du matin, les éperons des gendarmes et leurs grands sabres résonnèrent sur le pavé, les portes s'ouvrirent, les geôliers firent l'appel, on nous attacha deux à deux ; des soldats, la baïonnette au bout du fusil, nous enfermèrent entre leurs lignes, et le lieutenant commanda : En avant! Quelle journée ! je vivrais des siècles, que je ne l'oublierais pas. A la grande porte, un escadron de cavalerie nous attendait. Une foule énorme attendait notre sortie, des gendarmes, des sergents de ville et tout un bataillon de la ligne pouvaient à peine contenir les curieux. Les voilà, les voilà, les incendiaires, les assassins! et hommes et femmes se poussaient pour nous voir. C'était la première fois que je m'entendais ainsi traiter de brigand. Ce nom me fit froid au cœur, comme si une lame de couteau y était entrée. Tous ces yeux fixés sur nous, avec une curiosité mêlée de terreur, comme si nous eussions été un troupeau de taureaux de la Camargue, me donnait une sorte de vertige. — « Tiens, cria une voix que je crus reconnaître, voilà Pierre. — Où cela ? demandait une jeune fille. — Le sixième à droite, la blouse grise. — L'ancien propriétaire du mazet de l'étang ? demanda un troisième. — Oui, le chef des incendiaires de Ronciéras. » Je n'osai pas regarder qui me nommait ainsi, la sueur me coulait du front, il me semblait que la foule me montrait au doigt. J'aurais voulu être sous terre. Après quelques minutes de marche, nous arrivâmes au Palais de Justice : il était temps, mes jambes se dérobaient sous moi. On nous fit entrer dans une grande salle dont les murs tendues de rouge n'avaient pour tout ornement qu'un Christ, attaché au-dessus de la tête du président, en face du banc sur lequel nous étions assis, chacun entre deux gendarmes. L'enceinte réservée au public était comble. Nos juges portaient le costume militaire, car c'était un conseil de guerre devant lequel nous devions comparaître. Derrière eux étaient assis les sténographes venus pour rendre compte des débats ; ils nous regardaient et écrivaient : nos crimes et notre châtiment allaient être publiés par toute la terre. [Le président fit faire silence, et, nous appelant chacun à notre tour, nous demanda nos noms, notre âge, notre profession. Quand l'appel fut terminé, un chef de bataillon se leva, et d'une voix claire qui vibrait à nos oreilles comme la trompette du jugement, donna lecture de l'acte d'accusation. Lorsqu'il arriva au brigand dangereux qui, non content d'incendier la maison d'un homme respecté, dont il avait épousé la sœur, avait de plus tiré sur lui, au moment où, éveillé par les flammes, celui-ci tâchait de fuir, un cri de désespoir, un cri terrible se fit entendre. Henriette était là, elle venait d'apprendre la vérité tout entière. On l'emporta sans connaissance, il se fit un grand mouvement dans la foule, la séance fut interrompue pendant quelques instants. —

« C'est la femme de l'assassin, dirent plusieurs voix. — Un médecin ! cette femme se meurt, » cria quelqu'un. Je voulus m'élancer, les gendarmes me forcèrent à me rasseoir. J'étais fou de douleur. Un huissier eut pitié de moi, il sortit un instant, puis venant à moi, il me dit : « Il n'y a pas de danger, elle a repris connaissance. » Je demeurai abîmé, comme écrasé sur mon banc. La séance fut longue et toute consacrée à l'audition des témoins. George était du nombre, je ne l'avais pas vu depuis la nuit du crime. Il était extrêmement pâle, et paraissait en proie à une vive émotion ; je m'attendais à ce qu'il allait me charger dans sa déposition. Il n'en fut rien ; au contraire, il présenta les faits sous le jour le plus favorable pour moi, s'accusa de m'avoir provoqué sans raison, quelque temps auparavant. Il faisait allusion à la scène de violence, dans laquelle il s'était opposé à ma fureur. Sa déposition fut rapide, les sanglots étouffaient sa voix ; quand il eut terminé, il demanda la permission de se retirer, jeta sur moi un regard de pitié et sortit. Vers six heures on nous ramena à la prison : personne ne pouvait communiquer avec moi pendant les débats. Je me jetai à genoux, et le front dans la poussière, je priai Dieu d'avoir pitié de ma femme et de mes enfants, de ne frapper que moi seul. Les assises continuèrent, presque tous les coupables avouèrent : Antoine seul, ancien forçat en rupture de banc, se contenta de nier avec une impudence insolente. L'instituteur avait perdu la tête, il accablait d'injures les témoins et les juges. Quant à moi, j'assistais aux séances comme si j'eusse été hors de cause. Je n'avais qu'une pensée ; mes enfants, ma femme, dont je n'avais pas de nouvelles ; je pressentais quelque grand malheur pour eux. Le reste m'était parfaitement indifférent.

Le quatrième jour vers midi, les dépositions furent terminées ; le procureur impérial se leva de nouveau, et, appelant sur nos têtes l'indignation publique, demanda, au nom de la société outragée et mise en péril, que les peines les plus sévères nous fussent appliquées. La parole fut ensuite donnée à nos avocats ; ils firent toutce qu'ils purent pour nous sauver. Le procureur répliqua avec force : puis les gendarmes nous firent entrer dans une salle séparée, et nous attendîmes que la Cour eût délibéré. Vingt et un jeunes gens dans la force de l'âge attendaient que la justice prononçât sur leur sort. Des mères, des femmes, des enfants en pleurs, appuyés sur la barre, le cou tendu, le cœur haletant, cherchaient à lire dans les yeux des juges l'arrêt fatal. Des vieillards en cheveux blancs, graves et recueillis, les mains appuyées sur leurs longs bâtons, priaient en silence pour qu'un fils qui déshonorait leur vieillesse ne fût pas puni trop sévèrement. La foule attendait aussi, et les juges se recueillaient. Car c'est une heure solennelle, celle où un homme dit à un autre homme : — « Au nom de la société, je te déclare infâme et indigne de demeurer plus longtemps parmi tes frères; celle où la justice humaine se substitue à la justice divine pour imprimer le sceau de la réprobation sur le front du coupable, pour éteindre un flambeau que la main de Dieu avait allumé. »

Le président s'avança, les cœurs cessèrent de battre ; d'une voix lente mais ferme il lut l'arrêt de la Cour : Antoine était condamné à la peine de mort. Un long frisson parcourut l'auditoire ; le président continua : l'instituteur et moi, comme chefs du complot, déportés à perpétuité. Je m'appuyai à mon banc pour ne pas tomber : j'aurais préféré la mort. Pas un sanglot ne se fit entendre : Henriette n'était donc pas là. Douze accusés furent condamnés à la déportation à temps, d'autres à quelques années de détention. Quelques-uns, et François du Lourdes était du nombre, furent acquittés. Au moment où il sortait, une jeune femme vint se jeter dans ses bras avec des larmes de joie. La foule s'écoula lentement : il y avait là des vieillards qui pleuraient, des femmes qui poussaient des cris de désespoir et se tordaient les bras.

Je voyais sans voir, j'entendais sans entendre, je marchais comme un homme ivre. Rentré dans mon cachot, je m'assis à terre la tête entre les mains ; mon front brûlait, j'avais comme la fièvre, mais je ne sentais pas ; je ne puis même pas dire si je pensais. Le géôlier entra, suivi d'un autre personnage. On me retira mon couteau et ma fourchette, on me mit les fers aux pieds. Je me laissai faire mécaniquement, et le soir en revenant un peu à moi je fus tout étonné de me trouver attaché. Alors je me jetai sur mon lit ; depuis quatre nuits, je n'avais pas fermé les yeux : je m'endormis profondément. Mon sommeil dura douze heures ; quand je m'éveillai, le soleil éclairait ma chambre et les oiseaux chantaient : il me sembla que j'avais fait un mauvais rêve, je voulus me lever pour le chasser. Un bruit de fers me fit tressaillir ! l'affreuse réalité m'apparut dans toute son horreur.

L'aumônier entra un moment après ; Georges l'accompagnait. Je me jetai aux pieds de mon beau-frère en lui demandant pardon : il me releva et me fit asseoir sur mon lit. Il paraissait vivement ému. Je lus dans ses regards qu'il m'apportait une triste nouvelle.—« Henriette? m'écriai-je! en lui saisissant le bras. — Non, dit-il en répondant à ma pensée, à la suite de la première séance, elle a eu une fièvre chaude, le délire a duré deux jours; à présent sa vie est sauvée, le médecin en répond et promet que plus tard elle recouvrera sa raison. — Henriette a perdu la raison! ah! misérable, c'est moi qui l'ai assassinée! » et je me tordais les mains. Georges et l'aumônier essayèrent de me consoler, mais moi je me roulais sur mon lit, ne voulant rien entendre et m'arrachant les cheveux. Incendiaire, déporté, assassin ; il ne manquait plus que cela à mon malheur.— «Mes enfants, mes pauvres enfants! que deviendront-ils? Brigands qui m'avez perdu, scélérats! rendez-moi ma femme, rendez-moi mes enfants ! »

Georges avait beaucoup perdu dans l'incendie; mais la charité ne calcule pas : il me promit de recueillir ma famille chez lui. Ce ne serait, assurait-il, qu'une maladie passagère, l'air de la campagne rétablirait Henriette, mes enfants grandiraient avec les siens, Dieu ne nous abandonnerait pas. C'est ainsi que se vengeait ce mauvais citoyen, cet hypocrite, ce ridicule dévot dont j'avais juré la perte.

Quelques jours après, je revis mon beau-frère, il me conduisait mes enfants une dernière fois, car son départ pour Ronciéras était fixé au lendemain. Ils me racontèrent que leur mère passait ses journées assise et chantait doucement les chansons de son enfance ; elle s'imaginait être dans le mazet et attendait mon retour des champs. D'autres fois, elle parlait à M. Harrys et à mademoiselle Jessy. Dieu lui avait ôté la conscience de son malheur. Pendant plus d'une heure, nous parlâmes d'elle. Je la recommandai à leur amour, à leurs soins. Assis sur mes genoux, ils pleuraient en m'écoutant. Enfin il fallut se quitter, se quitter pour ne plus se revoir ! Ils me promirent de m'écrire, de prier pour moi, d'aimer Georges comme leur père. Une dernière fois, je les serrai sur mon cœur ; je les couvris de baisers, j'étais navré de douleur. Georges sanglotait. — « Veillez sur votre petite sœur, soyez ses protecteurs : faites le bien, et n'ayez honte que du mal. Evitez l'ambition, vous voyez où elle conduit. — Père, nous te promettons de ne pas oublier tes conseils ; donne-nous ta bénédiction : et ils tombèrent à genoux. » Je posai sur ces têtes d'anges mes mains enchaînées, et je les bénis. Alors, sans ajouter une parole, Georges me présenta la petite Marie, je la bénis à son tour, et la remettant entre ses bras : — « Georges, lui dis-je, me pardonnes-tu ? » Il me tendit la main, puis la posant sur sa poitrine : — « Tant que je posséderai sur la terre, me répondit-il, un toit et un morceau de pain, tes enfants seront les miens, sur mon honneur je te le jure ! » . . . .

Huit jours après cette scène déchirante, je quittai la prison avec mes compagnons de captivité. Des voitures cellulaires nous attendaient à la porte. Là encore il y eut des adieux, des pleurs, des imprécations. Un vieillard essaya de fendre l'escorte pour arriver jusqu'à nous. Les gendarmes le repoussèrent.—« Laissez-moi embrasser mon fils une dernière fois, je ne le verrai plus, je suis si vieux ! » et il se débattait entre leurs bras. Les soldats étaient émus. L'instituteur poussa un jeune homme qui, attendant son tour pour monter dans la voiture, semblait avoir perdu tout sentiment de son existence. — « Regarde donc ton bonhomme de père, lui dit-il, il a du nerf pour son âge. » Le condamné tourna la tête et reconnut l'homme qu'on entraînait. — « Brigand ! voilà ton ouvrage ! s'écria-t-il ; et dans sa fureur, il se précipita sur son compagnon pour le frapper avec ses fers. Les geôliers ne lui en donnèrent pas le temps ; on le hissa de force dans sa cellule. — « Adieu les amis ! et au revoir ! » cria l'instituteur à la foule, en montant après lui. La malédiction du père de sa victime répondit seule à cette dernière plaisanterie.

Nous voyageâmes nuit et jour pour ne nous arrêter qu'au bagne de Toulon. Des condamnés y avaient été amenés de plusieurs points de la France. Presque tous étaient tristes et abattus, quelques-uns seulement, fanfarons de crime, affectaient une gaîté cynique. Ceux-ci pour la plupart étaient d'anciens forçats, plus fiers de leurs crimes qu'un vieux soldat de ses cicatrices.

Une dernière et suprême humiliation nous attendait à Toulon. Le lendemain de notre arrivée, on nous assembla dans la cour : là, des garde-chiourmes, armés de bâtons, nous firent revêtir l'ignoble casaque des galériens; on nous rasa les cheveux, on nous ôta nos noms d'hommes pour les remplacer par des numéros d'ordre. Avec nos casaques grises aux chiffres rouges, nous ressemblions à un troupeau que le boucher a marqué à la craie. Quand notre toilette fut achevée, on nous enchaîna deux à deux, par groupes de vingt que des soldats, le fusil chargé, escortaient jusqu'au port : c'était le nombre que pouvaient contenir les barques amarrées au port. Cinq gendarmes, le pistolet au poing, veillaient dans chaque canot ; l'embarquement commença aussitôt. J'arrivai l'un des premiers à bord du vaisseau prêt à lever l'ancre qui nous attendait en rade. On nous fit monter sur le pont couvert de gardiens chargés de nous recevoir. Nous fûmes fouillés avec soin : je n'avais sur moi que quelques crayons et mon journal ; on me les enleva. Je croyais ne plus tenir à rien sur la terre, et cependant cette perte me fut plus sensible que je ne puis dire, car il ne me restait plus ici-bas que cette propriété et cette distraction. Quand je lisais ou que j'écrivais, il me semblait encore causer avec un ami, et ce dernier ami m'abandonnait. Après la visite, on nous enferma dans l'entre-pont. Je n'avais encore jamais vu l'intérieur d'un vaisseau : cette prison longue et étroite, éclairée par des fenêtres carrées aux trois quarts fermées qui ne donnaient guère plus de lumière que celles de mon premier cachot ;

cet air lourd et immobile, l'odeur particulière de la mer et du goudron, firent sur moi une impression extraordinaire. Il me semblait qu'on nous avait précipités vivants dans un tombeau pour y mourir de faim et de désespoir. La trappe s'ouvrit de nouveau, et vingt nouveaux déportés descendirent le petit escalier avec un bruit sinistre de fers. C'était le second canot. Tout à coup, un coup de sifflet se fit entendre : les sabords s'ouvrirent, un air vif et les rayons d'un soleil brillant inondèrent la salle. Quel spectacle magique s'offrit alors à nos regards ! Une mer calme comme un miroir, la ville assise sur le rivage avec ses grands ateliers, ses immenses arsenaux, le bruit de ses machines, le son de ses cloches qui chantaient joyeusement l'Angelus de midi. L'Angelus c'est l'hymne de la campagne, l'horloge de l'ouvrier. A quatre heures du matin en été, à six heures, en hiver, l'Angelus, du haut du clocher de Ronciéras, m'appelait autrefois à l'ouvrage. Au premier coup de l'Angelus de midi, les bœufs s'arrêtaient d'eux-mêmes au milieu du sillon, le laboureur relevait sa charrue, le travailleur de garance sortait de sa tranchée ; Henriette, suivie des enfants, apportait au champ où je travaillais le repas du matin : nous déjeunions en causant, assis à l'ombre des lambrusques ou des mûriers ; les alouettes, profitant de la trêve, s'abattaient en tourbillonnant sur la terre fraîchement remuée, pour y chercher leur subsistance. C'était le bon temps : mais il ne faut pas trop longtemps paresser comme les cailles le long des sillons ; Henriette retournait à son ouvrage, et je reprenais le mien, jusqu'à ce que l'Angelus du soir vînt me dire : Il est temps de remercier Dieu et de rentrer à la maison. Derrière ces montagnes qui ferment l'horizon, les anciens camarades se reposent à cette heure, ils sont heureux ; ils portent la tête haute. Et moi ! je la regarde pour la dernière fois, cette chère France : encore quelques heures et je ne la verrai plus, plus jamais ! Qui suis-je à présent ? le forçat n° 19, l'incendiaire qui a ruiné sa famille, rendu sa femme folle de chagrin, qui ne laisse à ses enfants, pour tout héritage, qu'un nom traîné dans les prisons et dans le bagne.

Ces idées m'accablaient. Absorbé dans ma douleur, je ne remarquais pas le nombre toujours croissant de mes compagnons d'infortune, plusieurs heures s'écoulèrent ; je sentis le vaisseau trembler, les matelots viraient en cadence au cabestan, l'ancre montait peu à peu aux flancs du navire, la mer frappée par l'hélice se couvrit d'écume et l'*Orient* tournant lentement sur lui-même se pencha en avant et creusa, sous sa proue tournée vers la haute mer, les vagues de la Méditerranée. Adieu, adieu! crièrent des centaines de prisonniers tendant vers le rivage leurs mains suppliantes ; les sabords retombèrent avec bruit, nous avions vu la France pour la dernière fois.

Dix jours se passèrent : le temps, d'abord admirable, avait changé ; nous essuyâmes une série de grains, le navire avançait péniblement et secouait d'une manière affreuse.

Dans l'impossibilité de pouvoir nous tenir sur le pont, nous étions, pour la plupart, étendus sur un hamac, en proie au plus violent mal de mer. L'air de notre prison était affreux, malgré les soins que l'on prenait pour le renouveler, et plusieurs déportés tombèrent malades. Chaque jour le médecin du bord faisait deux visites ; et l'on transportait à l'hôpital ceux d'entre nous dont l'état présentait quelque gravité. Nous étions du reste soumis à une rude discipline, la moindre infraction aux réglements était sévèrement punie par le retranchement de nourriture et par les fers. Cette sévérité, qui d'abord nous sembla outrée, nous fut dans le fond très-profitable, en empêchant les querelles et les rixes qui n'auraient pas manqué de s'élever parmi 500 prisonniers qui pour la plupart se détestaient.

Enfin, le temps se remit au beau, et chaque jour on nous fit monter sur le pont cinquante par cinquante pendant une heure: il n'en fallut pas davantage pour nous rendre à la santé. La France était déjà bien loin derrière nous, on ne voyait que le ciel et l'eau; mais la gaîté des matelots, leur entrain, leur habileté dans la manœuvre étaient pour nous une puissante distraction. Heureux marins, leur absence ne devait pas être de longue durée; ils pouvaient chanter, ouvrir leurs voiles au vent et leur cœur à l'espérance; mais nous....

Un jour, après ma promenade, j'étais assis sur les planches qui nous servaient de lit de camp, sans me mêler aux conversations qui se tenaient autour de moi. Un matelot entra, dit quelques mots à un des hommes de garde, car nous étions toujours surveillés. Celui-ci appela le n° 19. Je m'approchai tout étonné. — « Suivez-moi, dit le matelot. — Où cela ? — C'est égal, marchez toujours. » — Je le suivis sur le pont: arrivé au gaillard d'arrière, il me remit à un gabier qui, sans répondre à mes questions, me fit descendre un escalier, traverser la grande chambre des officiers, ouvrit une porte devant laquelle deux matelots, l'arme au pied, étaient en sentinelle, et me fit entrer dans une grande chambre. De ma vie je n'avais rien vu de si beau, toute la pièce était tendue de velours rouge avec des baguettes dorées; des cartes, des livres, des compas, des machines en cuivre et en cristal dont je ne connais pas l'usage, encombraient la table; des armes de toute nature disposées en faisceaux décoraient le plafond en bois sculpté. Le capitaine, assis devant son bureau, paraissait si occupé par la lecture d'un papier, qu'il ne m'entendit pas entrer. Debout près de la porte, le bonnet à la main, j'attendis qu'il se retournât pour me parler. Plusieurs tableaux étaient suspendus à la tenture, celui qui se trouvait au-dessus de son bureau attira particulièrement mon attention, il représentait une jeune femme sur les genoux de laquelle un amour d'enfant jouait avec un gros chat. Marie est de son âge, pensai-je, il est plus blond et plus rose; mais elle a la physionomie plus éveillée. La mère est une grande dame, cela se voit, elle n'a pourtant pas l'air fier, comme elle ressemble à... non, c'est impossible...; mais si, c'est bien elle, c'est bien mademoiselle Jessy; comment ce portrait se trouve-t-il ici ? Son regard se tourne vers moi, elle semble me sourire de ce sourire reconnaissant qu'ont les mères pour ceux qui admirent leurs enfants. Oh ! oui, c'est bien elle, je ne me trompe pas. — Elle me souriait toujours : je baissai la tête, je me sentais indigne de son regard; il me semblait qu'elle allait me parler. Le capitaine s'était retourné. — « C'est vous qui avez écrit cela ? me demanda-t-il en me montrant mon manuscrit. — Oui, capitaine. — Où cela ? — En prison. — Ecrivez vous encore à présent ? — Je n'ai plus ni papier ni crayons. — J'ai lu votre manuscrit, comment se fait il qu'avec l'éducation que vous avez reçue, avec les bons conseils que vous a prodigués l'excellent M. Harrys, vous vous soyez affilié avec des scélérats? — J'ai été bien fou, capitaine, bien criminel, j'ai lu trop de mauvais livres, fréquenté trop de clubs, la paresse s'est emparée de moi, puis est venue l'ambition. On m'a nommé secrétaire de club, je me.... — Oui, interrompit le capitaine en secouant tristement la tête, votre histoire est celle de bien des déportés. Les plus coupables ne sont pas toujours ceux qui font le coup de fusil. Ce sont les lâches ambitieux, qui, n'osant pas s'exposer, font de l'ouvrier l'instrument aveugle de leurs passions, qui l'égarent en le flattant, qui lui persuadent de sortir de sa position, d'abandonner son travail pour courir après un bienêtre imaginaire. Ces pauvres gens, ouvriers, artisans, travailleurs, éblouis par de fausses promesses, voudraient d'un bond, arriver au haut du mât; ils ne réfléchissent pas que le seul moyen pour y parvenir est de grimper échelon après échelon. Mon père était ouvrier comme vous, moi je suis capitaine de vaisseau; mais il y a trente ans que je sers, j'ai fait deux fois le tour du monde, j'ai reçu cinq blessures, pris part à onze combats, passé par tous les grades; supposez maintenant qu'un passager vienne me trouver et me dire : Capitaine, j'ai lu dans les journaux que tous les hommes sont égaux, je vais prendre votre poste. Croyez-vous que le vaisseau marcherait droit ? à la première tempête tout serait submergé. S'il en est ainsi pour un vaisseau, qu'en sera-t-il donc pour la France? Vous avez vu depuis 48 les habiles à l'œuvre, ils se sont mis 900 au gouvernail, et tout allait au pire. Dans un Etat comme dans un vaisseau, comme dans le corps de chacun de nous, il faut une tête unique qui pense, commande et dirige. »

J'écoutais avec respect ces graves paroles; le capitaine continua d'une voix émue : — « Je suis père, moi aussi; cette jeune femme qui nous sourit, c'est la mienne, cet enfant est à moi; chaque séparation m'afflige, je comprends votre douleur. Mais je vous le dis et vous pouvez le répéter à vos compagnons, vous ne devez pas vous abandonner au désespoir. Vous tous qui reconnaîtrez votre faute ; qui, abandonnant sincèrement la voie mauvaise dans laquelle vous êtes entrés, en témoignerez votre repentir, vous reverrez cette belle et noble patrie que vous pleurez. Ce n'est pas pour frapper que la justice frappe, c'est pour éloigner des hommes dangereux à la société, qu'elle est chargée de protéger et de défendre. Ceux qui sont chargés de vous surveiller dans votre exil le sont aussi d'envoyer des rapports sur votre conduite. Vous êtes comme des malades atteints d'une épidémie, que l'on séquestre jusqu'à ce que leur contact ne soit plus à craindre. Notre pays a une grande mission à remplir, rien ne doit l'entraver. Ayez donc confiance, à mon retour je parlerai moi-même en votre faveur, et je ne doute pas qu'un jour vous ne puissiez encore être heureux.

A ces paroles je tombai à genoux. Il me semblait que le ciel s'ouvrait devant moi : — « Capitaine, soyez béni pour ces bonnes paroles, m'écriai-je en saisissant la main qu'il me tendait, vous m'avez rendu le bonheur autant qu'il est possible en me donnant l'espérance. — Vous me remercierez plus tard, me répondit-il ; tout ce que je puis faire pour vous en ce moment, c'est de vous rendre votre journal; prenez-le, voici vos crayons, continuez à écrire, je vous en donne la permission. Vous vous êtes servi de votre influence pour égarer plusieurs de ceux qui sont avec vous, servez-vous-en encore, mais pour les ramener. »

Notre traversée dura près de deux mois, pendant lesquels je ne revis plus le capitaine; mais l'espoir était rentré dans mon cœur : dans quelques années je reverrais ma famille, Henriette serait rétablie depuis longtemps, j'aurais de la force, nous travaillerions et nous serions heureux; voilà ce que je pensais : ne me l'avait-elle pas dit avant mon jugement? D'autres fois j'avais d'affreux moments de découragement, mais je me répétais les paroles du capitaine, je me rappelais le gracieux sourire de mademoiselle Jessy, ils parleraient pour moi, et mes appréhensions se dissipaient.

Nous arrivâmes enfin à la Guyane française; notre traversée avait été assez longue pour produire un grand changement moral parmi les déportés. Les uns, c'était, hélas!

le grand nombre, s'endurcissaient chaque jour et semblaient se cramponner au mal de toutes leurs forces. Les autres, au contraire, se repentaient sincèrement, et la conversation du capitaine que je leur rapportai, fut un baume à leur douleur : une distinction bien tranchée existait déjà entre les deux camps plusieurs jours avant notre débarquement au pénitentiaire.

A la manière dont le gouverneur nous classa, nous reconnûmes facilement que le commandant de l'*Orient* lui avait remis des notes sur chacun de nous.

Nous fûmes tous, du reste, soumis au même travail et au même régime disciplinaire. Nous fûmes internés dans des îles peu distantes du continent, mais si bien gardées qu'une évasion paraissait impossible. Ces îles, susceptibles d'une magnifique culture, étaient presque stériles, faute de bras; une seule plus éloignée que les autres est triste et désolée, on la nomme à cause de cela Ile du Diable : d'abord elle demeura déserte, ensuite on en fit un exil pour ceux qui méritèrent par leur inconduite une punition plus sévère. Je faisais partie de la colonie des déportés de l'île de la Mère, la plus grande et la plus fertile du groupe. On nous employa aux travaux de défrichement, drainage, plantation d'arbres, empierrements de routes; une autre brigade, composée d'ouvriers des villes, fut employée à la construction d'un petit fort et de quelques fermes. Toute cette organisation me rappelait les premières années de mon séjour aux Aulnaies. J'étais depuis mon enfance habitué à ce genre de travail, il fut pour moi une puissante source de distractions ; si les remords n'eussent déchiré mon âme, j'aurais pu être presque heureux. Notre tâche n'était pas aussi forte que celle de bien des laboureurs, et la surveillance n'avait rien de dur ni d'arbitraire. Le dimanche était entièrement consacré au repos; ce jour-là après la messe et l'instruction religieuse qui durait une heure, on nous passait en revue; puis chacun pouvait se reposer dans l'intérieur de sa case ou se promener dans l'espace compris entre le bord de la mer et le front du village. Je profitais de mes heures de loisir pour lire et pour écrire ou bien j'allais m'asseoir près du rivage, regardant au loin les vaisseaux qui à travers l'immensité de l'Océan voguaient vers la France, je songeais à ceux que j'y avais laissés, à Henriette, à mes enfants. Quelques compagnons de captivité venaient parfois me rejoindre, nous causions alors de la patrie absente, de nos regrets, de nos espérances ; ou bien encore, assis à l'ombre de quelque palmier nous écoutions les paroles consolantes, les sages leçons, les causeries instructives de nos aumôniers, de ces prêtres contre lesquels nous avions si souvent déclamé. Hommes admirables qui, non contents de nous pardonner nos injures et d'oublier nos calomnies, s'étaient eux-mêmes condamnés à la déportation, à l'exil pour se dévouer au service de leurs ennemis vaincus. C'est au feu que l'on connaît l'or, c'est dans l'adversité que l'on comprend le prêtre et la grandeur de la religion qu'il enseigne. Depuis que je suis en exil il n'est venu parmi nous aucun philanthrope, aucun ami de l'humanité, aucun philosophe moraliste pour nous consoler. Ces gens-là, ces marchands de paroles creuses, ces faussaires de charité, n'ont de consolations prêtes que pour les gens heureux ; ils veulent être vantés, célébrés, admirés; ils écrivent et parlent avec emphase, leurs grands sentiments sont comme des bulles de savon; viennent les malheurs, et ces beaux consolateurs vous tournent le dos avec mépris et vont porter ailleurs leurs protestations de dévouement. Le prêtre, au contraire, fréquente peu la maison du riche, non pas qu'il le méprise ou le haïsse, mais parce que sa présence est moins nécessaire; vous le rencontrerez le plus souvent dans le cachot du prisonnier, dans la chaumière, au chevet du mourant, au pied de l'échafaud, partout où il y a à instruire et à consoler.

Plusieurs mois se passèrent sans que j'eusse reçu aucune nouvelles de France. Enfin, un dimanche au sortir de l'instruction le tambour nous réunit. Un vaisseau était arrivé de France porteur de dépêches ; nous nous formâmes en carré autour des officiers, le gouverneur nous fit un petit discours pour nous annoncer que plusieurs d'entre nous dont ses rapports et ceux des commandants de vaisseaux avaient signalé le repentir et la bonne conduite, venaient de recevoir les uns grâce entière, les autres un adoucissement de peine ; il nous exhortait à mériter tous une pareille faveur. Le cœur me battait avec violence : étais-je du nombre de ceux sur lesquels la clémence Impériale s'était étendue ? avais-je le droit d'espérer de revoir un jour ma famille ? Lorsque le commandant eut cessé de parler, les tambours battirent, et un officier lut à haute voix la liste des graciés. J'étais du nombre, le temps de ma déportation était réduit à cinq années. Quel moment de bonheur ! cinq années seulement ! j'aurais baisé les pieds du commandant : dans cinq années je reverrais mon Henriette, dans cinq années mes enfants me seraient rendus. Avec les dépêches plusieurs lettres étaient arrivées, il y en avait une énorme pour moi, un sergent nous les distribua et nous rompîmes nos rangs. Je tremblais d'émotion, je courus m'enfermer dans ma case, il me semblait que je ne serais jamais assez seul. Je tournais entre mes mains ce grand carré de papier dont le cachet avait été brisé (car toute notre correspondance était lue), je le baisais comme un ami. Que renfermait ce paquet ? je l'avais dans la main, je cherchais à deviner le contenu, je faisais mille suppositions contradictoires, et cependant j'hésitais encore. Enfin je me décidai : il y avait cinq lettres sous la même enveloppe ; je regardai l'écriture, je ne reconnus pas celle de ma femme, elle était donc toujours folle, ô mon Dieu ! Je dépliai la lettre de Georges ; aux premières lignes je poussai un grand cri, Henriette avait cessé de souffrir, mes enfants étaient orphelins ! Je restai longtemps abîmé dans un sombre désespoir, je maudissais ma vie, je maudissais ma grâce. Après ce premier accès de douleur, je lus et relus la lettre de mon beau-frère et celles de mes enfants. Quelques heures avant de mourir elle avait recouvré sa raison. — Dites-lui que je lui pardonne, que je l'aime, que je le prie de vivre pour vous, que ma dernière pensée a été pour lui, que je le prie de me pardonner, je n'ai pas su faire son bonheur. Misérable! que je lui pardonne, moi, à cet ange! moi son bourreau! Ce jour-là je me sentis frappé à mort, je n'avais pas le courage de la résignation ; depuis ce terrible malheur je ne me relevai pas. Quelque temps après une tentative d'évasion eut lieu; l'instituteur, chef du complot, frappa avec un long clou, dont il s'était fait un poignard, un gardien, et l'étendit mort à ses pieds. Deux jours après, les fugitifs furent repris et mis aux fers ; l'instituteur, sûr du sort qui l'attendait, eut le triste courage de s'empoisonner avec le suc d'une plante vénéneuse. Il mourut dans d'horribles convulsions, et son dernier soupir fut un blasphème.

Deux ans se sont écoulés depuis cette époque ; la justice du gouverneur et le dévoûment de nos aumôniers a produit dans le pénitencier les fruits les plus heureux. Ranimés par l'espérance d'un pardon dont ils s'efforcent de se rendre dignes, les déportés donnent peu de sujets de plainte. Un petit nombre d'incorrigibles a été relégué dans l'île du Diable, leur sort est misérable, tandis que celui de leurs compagnons s'adoucit chaque jour. Plusieurs sont déjà repartis pour la France, le cœur plein de repentir et de reconnaissance ; d'autres en grand nombre, transportés sur le continent, sont entrés au service des colons, ou même ont obtenu des concessions provisoires qui plus tard deviendront leur propriété s'ils continuent à se bien conduire. Je suis au nombre des plus favorisés. Depuis cinq mois, j'habite une jolie maison abritée par un groupe de palmiers, avec la vue de la mer. Mon jardin est rempli d'arbres et de fleurs ; mais que m'importe ? mes forces sont à bout, le chagrin à blanchi mes cheveux, creusé de rides mon front ; je sens la mort dans ma poitrine, elle me courbe vers la terre, je ne suis pas digne de vivre.

Adieu, chers enfants, j'ai été bien coupable, mais l'expiation a été terrible. Je ne puis vous laisser autre chose que ce ournal, souvenez-vous que c'est la confession d'un père, rappelez-vous au moment des tentations sa triste histoire, racontez-la à ceux que vous verrez chancelants dans la voie du bien ; puisse-t-elle vous être utile, puisse-t-elle servir d'enseignement aux malheureux qui songeraient à m'imiter ! Le bonheur est dans l'accomplissement du devoir, partout ailleurs il n'y a que déception, misère et remords. Je voudrais pouvoir vous serrer sur mon cœur avant qu'il cesse de battre, je n'aurai pas cette consolation. Qu'au moins ma dernière bénédiction arrive jusqu'à vous. Merci pour votre amour, merci à Georges, aimez-le et imitez-le. Je vous recommande Marie, votre sœur, soyez son conseil et son appui. Dans le paquet qui renfermera ce journal et quelques lettres, elle trouvera la petite médaille que sa mère m'a donnée, qu'elle la porte en souvenir d'une mère sainte et d'un père malheureux. Soyez bons, soyez unis, soyez religieux, je vais rejoindre mon Henriette! priez pour moi, adieu, adieu, je vous bénis.

Guyane française, 18 juillet 185 .

Pierre.

Ile de la Mère (Guyane française), 5 décembre 185 .

MONSIEUR ET CHER CONFRÈRE,

J'ai l'honneur de vous transmettre la nouvelle de la mort de Pierre ***, votre ancien paroissien déporté à la Guyane française. Soyez assez bon pour remettre à ses enfants les deux manuscrits et la médaille enfermés dans ce paquet.

Pierre *** est mort dans les meilleurs sentiments, me chargeant de demander en son nom pardon à ceux qui l'ont connu, pour le mauvais exemple qu'il leur a donné et pour le mal qu'il a pu leur faire. Sa conduite a été parfaite tout le temps qu'il a passé au pénitentiaire. M. le gouverneur général, après avoir il y a deux ans obtenu pour lui une diminution de peine, avait dans ces derniers temps demandé sa grâce entière. Quand elle est arrivée, car il est mort libre, il était trop tard. Le chagrin que lui a fait éprouver la mort de sa femme le minait depuis longtemps, et depuis près d'un mois il ne quittait plus le lit, crachant le sang, mais, calme et résigné au milieu de ses souffrances. La nouvelle de sa grâce, qu'il a reçue avec reconnaissance, ne lui a fait aucune illusion. Deux jours après il s'est éteint entre mes bras, plein de repentir et de confiance. Ses dernières paroles ont été des paroles d'amour pour sa famille.

Ces détails seront, je n'en doute pas, une grande consolation pour ses enfants, et une grande joie pour votre charité.

Agréez, monsieur et cher confrère, l'assurance de ma haute considération.

L'abbé ***, aumônier du Pénitentiaire

A monsieur le curé de Roncjerois (Var).

FIN.

www.ingramcontent.com/pod-product-compliance
Lightning Source LLC
Chambersburg PA
CBHW060520090426
42735CB00011B/2304